성경을 따라가는 52주 가정예배

모세오경

세움북스는 기독교 가치관으로 교회와 성도를 건강하게 세우는 바른 책을 만들어 갑니다.

성경을 따라가는 52주 가정예배

일주일에 한 번, 온 가족 말씀 동행 프로젝트

초판 1쇄 발행 2023년 11월 20일
초판 2쇄 발행 2024년 11월 5일

지은이 | 김태희
펴낸이 | 강인구

펴낸곳 | 세움북스
등 록 | 제2014-000144호
주 소 | 서울시 종로구 대학로 19 한국기독교회관 1010호
전 화 | 02-3144-3500
이메일 | holy-77@daum.net

디자인 | 참디자인

ISBN 979-11-91715-95-8 (03230)

일주일에한번,온가족말씀동행프로젝트

성경을 따라가는
52주 가정예배

1
모세오경

김태희 지음

△ 세움북스

서문

이 책은 가정예배 교재입니다. 책의 구성을 따라가면 누구나 힘들지 않게 가정예배를 인도할 수 있습니다. 이 책은 부모가 자녀에게 성경 66권을 가르치는 것을 목표로 합니다. 구약 4권, 신약 2권으로 구성되어 있으므로, 일 년에 한 권씩 6년 동안 사용할 수 있습니다. 그래서 초등학교 1학년 때 창세기를 시작하면 초등학교 6학년 때 요한계시록을 마칠 수 있습니다.

　이 책으로 가정예배를 드리는 방식은 다음과 같습니다. 가장 먼저 시간을 정해야 합니다. 개혁주의 교회는 전통적으로 주일 저녁에 가정예배를 드렸습니다. 주일을 온전히 지키는 측면에서도 주일 저녁이 가장 좋다고 생각합니다. 물론 다른 시간에 모여도 무방합니다. 대신 가정예배 시간이 계속 바뀌지 않도록 해야 합니다.

　가정예배는 찬송으로 시작하는 것이 좋습니다. 찬송에 앞서 사도신경을 고백할 수도 있습니다. 찬송 이후에는 부모 중 한 명이 시작 기도를 드립니다. 다음으로 가정예배 본문을 읽는데, 모든 가족이 돌아가면서 읽는 것을 추천합니다. 본문은 세 개 또는 네 개의 단락으로 구성되어 있습니다. 단락별로 읽으시면 됩니다.

다음은 본문 묵상입니다. 교재에는 묵상을 도와주는 질문이 포함되어 있습니다. 부모는 교재에 있는 질문을 통해 자녀들이 말씀을 잘 이해했는지 확인하고, 이해가 부족할 때는 보충 설명을 해 주어야 합니다. 마지막으로 부모 중 한 명이 마침 기도를 합니다. 아이들이 가정예배에 익숙해지면, 아이들이 돌아가면서 기도하는 것도 좋습니다.

장로교회의 표준문서인 웨스트민스터 예배모범 제8장에는 다음과 같이 기록되어 있습니다. "가정 기도회는 신자의 당연한 의무이므로 가정마다 행할 것이니 매일 성경을 읽고, 기도하며, 찬송함으로 행할 것이다." 따라서 교회는 성도들이 가정예배를 시작하도록 독려해야 하며, 가정예배가 제대로 드려지는지 감독해야 합니다.

저는 한국 교회의 위기가 바로 여기에서 시작되었다고 생각합니다. 신자의 의무이며, 부모의 의무인 가정예배가 사라진 결과, 주일학교의 위기, 그리고 한국 교회의 위기가 시작되었다고 생각합니다. 따라서 가정예배가 회복될 때 비로소 주일학교가 회복되고, 한국 교회가 회복된다고 생각합니다.

아무쪼록 《성경을 따라가는 52주 가정예배》를 통해, 가정예배가 회복되고, 그리하여 주일학교가 회복되고, 마침내 한국 교회가 회복되는 선순환이 일어나기를 소망합니다.

목차

출애굽기

레위기

민수기

신명기

일주일에 한 번,
온 가족 말씀 동행 프로젝트

창세기

태초에 하나님이
천지를 창조하시니라

창세기 1장 | 찬송가 9장. 하늘에 가득 찬 영광의 하나님

▌ 태초에 하나님이 천지를 창조하시니라 (1:1)

세상은 우연히 시작되지 않았습니다. 세상은 하나님의 창조로 시작되었습니다. 세상을 이렇게 아름답게 만드신 분은 하나님이십니다. 우리를 만드신 분도 하나님이십니다. 하나님이 우리의 창조주이십니다. 그래서 우리는 창조주의 뜻을 따라서 살아야 합니다. 창조주에게 복종하며 살아야 합니다. 우리를 만드신 분의 뜻을 따라 사는 것이 가장 좋은 삶입니다.

> 또 광명체들이 하늘의 궁창에 있어
> 땅을 비추라 하시니 그대로 되니라 (1:15)

하나님은 광명체들을 만드셨습니다. 하늘의 해와 달과 별을 만드셨습니다. 이것은 하나님께 어려운 일이 아니었습니다. 하나님은 단지 말씀만 하셨습니다. 그러자 모든 것이 그대로 되었습니다. 이처럼 하나님은 능력이 크십니다. 하나님의 능력에는 한계가 없습니다. 하나님은 하고자 하는 모든 것을 하실 수 있습니다.

> 하나님이 큰 바다 짐승들과 물에서 번성하여
> 움직이는 모든 생물을 그 종류대로,
> 날개 있는 모든 새를 그 종류대로 창조하시니
> 하나님이 보시기에 좋았더라 (1:21)

하나님은 모든 생물을 "그 종류대로" 창조하셨습니다. 하나님은 진화를 통해서 생물들을 다양하게 만드시지 않았습니다. 하나님은 처음부터 다양한 생물들을 창조하셨습니다. 처음부터 사람은 사람이었고, 처음부터 원숭이는 원숭이였습니다. 우리는 진화를 통해서 사람이 만들어졌다는 주장을 받아들이지 않습니다.

> 하나님이 자기 형상 곧 하나님의 형상대로
> 사람을 창조하시되 남자와 여자를 창조하시고 (1:27)

하나님은 사람을 하나님의 형상대로 창조하셨습니다. 사람이 하나님의 형상이라는 것은 사람이 하나님을 닮았다는 뜻입니다. 외모가 아니라 마음이 닮았다는 뜻입니다. 따라서 하나님의 피조물 가운데 가장 특별한 피조물은 사람입니다. 오직 사람만 하나님의 형상이기

때문입니다. 하나님께서 사람을 하나님의 형상으로 창조하신 이유
는 사람과 가까이 지내기 위해서입니다. 사람의 예배와 찬송을, 사
람의 감사와 기도를 원하시기 때문입니다. 따라서 우리는 하나님을
예배하기 위해 최선을 다해야 합니다. 하나님께 감사와 찬양을 드리
기 위해 최선을 다해야 합니다.

> 하나님이 그들에게 복을 주시며
> 하나님이 그들에게 이르시되
> 생육하고 번성하여 땅에 충만하라, 땅을 정복하라,
> 바다의 물고기와 하늘의 새와 땅에 움직이는
> 모든 생물을 다스리라 하시니라 (1:28)

하나님은 우리에게 땅을 정복하라는 사명을 주셨습니다. 이것은 이
세상을 하나님 보시기에 좋은 곳으로 바꾸라는 뜻입니다. 따라서 우
리는 이 세상을 아름답게 바꾸어야 합니다. 미움이 있는 곳을 사랑
이 있는 곳으로, 슬픔이 있는 곳을 기쁨이 있는 곳으로 바꾸어야 합
니다. 이것이 하나님께서 우리에게 주신 사명입니다.

묵상

사람은 진화를 통해서 지금의 모습이 되었습니까?

_____

_____

_____

하나님께서 사람을 하나님의 형상으로
창조하신 이유는 무엇입니까?

_____

_____

_____

기도

하나님. 하나님은 창조주이십니다. 하나님은 세상에서 가장
크고 높으신 분입니다. 창조주 하나님을 높이고, 창조주 하나
님께 순종하고, 창조주 하나님을 예배하며 살아가게 해 주세
요. 예수님의 이름으로 기도합니다. 아멘.

여자가 그 열매를 따 먹고

창세기 3장 | 찬송가 68장. 오 하나님 우리의 창조주시니

> 그런데 뱀은 여호와 하나님이 지으신 들짐승 중에
> 가장 간교하니라 뱀이 여자에게 물어 이르되
> 하나님이 참으로 너희에게
> 동산 모든 나무의 열매를 먹지 말라 하시더냐 (3:1)

사탄은 뱀의 모습으로 아담과 하와에게 접근했습니다. 사탄은 아담과 하와를 유혹했습니다. 사탄은 아담과 하와가 하나님에 대해 부정적인 생각을 가지도록 유도했습니다. 지금도 마찬가지입니다. 사탄은 우리를 유혹합니다. 사탄은 우리가 하나님에 대해 부정적인 생각을 가지게 합니다. 그래서 우리는 사탄의 유혹으로부터 지켜 주시기

를 기도해야 합니다. 사탄이 하는 거짓말에 속지 않도록 노력해야 합니다.

> 너희가 그것을 먹는 날에는
> 너희 눈이 밝아져 하나님과 같이 되어
> 선악을 알 줄 하나님이 아심이니라 (3:5)

하나님과 사람은 다릅니다. 하나님은 하늘에 계시고 사람은 땅에 있습니다. 하나님은 왕이시고 사람은 백성입니다. 하나님은 명령하시고 사람은 순종합니다. 그런데 사탄은 하나님처럼 되라고 아담과 하와를 유혹했습니다. 아담과 하와는 하나님처럼 되기 위해 선악과를 먹었습니다. 우리는 하나님처럼 되려고 해서는 안 됩니다. 우리가 왕이 되려고 해서는 안 됩니다. 우리는 하나님을 왕으로 높이는 삶을 살아야 합니다. 하나님을 찬양하고 하나님께 순종하는 삶을 살아야 합니다.

> 여자가 그 나무를 본즉 먹음직도 하고
> 보암직도 하고 지혜롭게 할 만큼
> 탐스럽기도 한 나무인지라
> 여자가 그 열매를 따 먹고 자기와 함께 있는
> 남편에게도 주매 그도 먹은지라 (3:6)

하와가 먼저 사탄의 유혹에 넘어갔습니다. 뒤이어 아담도 사탄의 유혹에 넘어갔습니다. 하나님께서 남자와 여자를 각각 만드신 것은 남자와 여자가 서로를 돕도록 하기 위함입니다. 특히 서로의 신앙을 돕는 것입니다. 그런데 아담과 하와는 서로를 돕지 않았습니다. 서로의 신앙을 돕지 않았습니다. 우리는 서로를 돕는 사람이 되어야 합니다. 특히 상대방의 신앙을 도와주어야 합니다. 상대방의 신앙에 해가 되는 일은 해서는 안 됩니다.

> 또 여자에게 이르시되
> 내가 네게 임신하는 고통을 크게 더하리니
> 네가 수고하고 자식을 낳을 것이며
> 너는 남편을 원하고
> 남편은 너를 다스릴 것이니라 하시고 (3:16)

사탄은 죄를 지으면 하나님처럼 된다고 말했습니다. 죄를 지으면 더 행복해진다고 말했습니다. 그러나 사실은 그렇지 않았습니다. 아담과 하와는 죄를 짓고 나서 불행해졌습니다. 죄를 짓고 나서 하나님께 벌을 받았습니다. 죄는 우리를 행복하게 하지 않습니다. 죄는 우리를 비참하게 만듭니다. 행복한 삶을 사는 비결은 하나님께 순종하는 것입니다. 하나님의 뜻을 알고, 하나님의 뜻대로 살아갈 때, 하나님께서 주시는 행복을 누릴 수 있습니다.

묵상

당신은 사탄의 존재를 믿습니까?

사탄의 유혹이 있다는 것을 믿습니까?

_____

_____

_____

_____

왕이신 하나님께 순종하기 위해 노력하고 있습니까?

_____

_____

_____

_____

기도

하나님. 사탄은 우리를 유혹합니다. 사탄은 우리로 하여금 죄를 짓게 합니다. 사탄의 유혹을 이기게 해 주세요. 죄를 짓지 않고, 선을 행하게 해 주세요. 예수님의 이름으로 기도합니다. 아멘.

3주

여호와께서 아벨과 그의 제물은 받으셨으나

창세기 4장 | 찬송가 199장. 나의 사랑하는 책

> 아담이 그의 아내 하와와 동침하매
> 하와가 임신하여 가인을 낳고 이르되
> 내가 여호와로 말미암아 득남하였다 하니라 (4:1)

하나님은 아담과 하와에게 자녀를 주셨습니다. 자녀는 하나님께서 주신 복입니다. 하나님은 아담과 하와의 죄를 용서하시고 그들에게 복을 주셨습니다. 이처럼 하나님은 용서하시는 분입니다. 우리는 죄를 지었을 때, 하나님으로부터 도망가지 말아야 합니다. 죄를 지은 후 가장 먼저 해야 하는 일은 우리 죄를 하나님께 자백하고 회개하는 일입니다. 그러면 하나님은 우리의 죄를 용서하시고 우리에게 복을 주십니다.

> 여호와께서 아벨과 그의 제물은 받으셨으나
> 가인과 그의 제물은 받지 아니하신지라 (4:4-5)

아담은 두 아들을 낳았습니다. 가인과 아벨입니다. 가인과 아벨은 각각 하나님께 제사를 드렸습니다. 제사는 구약 시대의 예배입니다. 하나님은 아벨의 예배는 받으시고 가인의 예배는 받지 않으셨습니다. 그 이유는 가인이 죄를 많이 지었기 때문입니다. 우리도 마찬가지입니다. 우리가 하나님께 죄를 짓고 그 죄를 회개하지 않으면, 하나님은 우리의 예배를 받지 않으십니다. 하나님께 올바른 예배를 드리기 위해서는 죄를 짓지 않도록 노력해야 합니다. 지은 죄를 회개해야 합니다.

> 네가 선을 행하면 어찌 낯을 들지 못하겠느냐
> 선을 행하지 아니하면 죄가 문에 엎드려 있느니라
> 죄가 너를 원하나 너는 죄를 다스릴지니라 (4:7)

하나님은 가인에게 경고하셨습니다. 선을 행하고 죄를 짓지 말라고 경고하셨습니다. 하나님께서 가인에게 경고하신 이유는 가인이 아벨을 미워하는 것을 아셨기 때문입니다. 하지만 가인은 하나님의 경고를 마음에 새기지 않았습니다. 가인은 여전히 아벨을 미워했습니다. 그리고 가인은 아벨을 죽였습니다. 하나님은 말씀을 통해 우리에게 경고하십니다. 하나님은 말씀을 통해 우리의 죄를 깨우쳐 주십니다. 우리는 하나님의 경고를 마음에 새겨야 합니다. 죄를 짓지 않도록 노력해야 합니다.

> 네가 밭을 갈아도 땅이 다시는 그 효력을
>
> 네게 주지 아니할 것이요
>
> 너는 땅에서 피하며 유리하는 자가 되리라 (4:12)

가인은 하나님의 경고를 마음에 새기지 않았습니다. 가인은 하나님의 뜻을 어기고 죄를 지었습니다. 가인은 동생 아벨을 죽였습니다. 하나님은 가인에게 벌을 내리셨습니다. 농사를 지어도 열매를 얻지 못하는 벌을 내리셨습니다. 평생 농부로 살아온 가인은 더 이상 농사를 지을 수 없게 되었습니다. 이와 같이 죄는 나쁜 결과를 가져옵니다. 우리는 죄를 미워해야 합니다. 죄를 멀리하기 위해 노력해야 합니다.

묵상

죄를 지은 후 가장 먼저 해야 하는 일은 무엇입니까?

_____

_____

_____

왜 하나님은 가인의 예배를 받지 않으셨습니까?

_____

_____

_____

기도

하나님. 하나님은 저희가 예배하기를 원하십니다. 하나님께 올바른 예배를 드리게 해 주세요. 저희의 삶 전부가 하나님께 드려지는 예배가 되게 해 주세요. 예수님의 이름으로 기도합니다. 아멘.

노아는 여호와께 은혜를 입었더라

창세기 6장 | 찬송가 205장. 주 예수 크신 사랑

> 하나님의 아들들이 사람의 딸들의 아름다움을 보고
> 자기들이 좋아하는 모든 여자를 아내로 삼는지라 (6:2)

아담과 하와의 범죄로 인해, 세상에 죄가 들어왔습니다. 그때부터
세상은 아벨처럼 하나님을 믿는 사람들과 가인처럼 하나님을 떠난
사람들로 나누어졌습니다. 아벨은 하나님 나라에 속한 사람이었고,
가인은 세상 나라에 속한 사람이었습니다. 그런데 시간이 지나자,
하나님의 백성들이 세상 사람들을 부러워하기 시작했습니다. 세상
사람들이 하나님의 백성들보다 더 성공했고, 더 유명했고, 더 부자
였기 때문입니다. 급기야 하나님의 백성들은 하나님을 믿지 않는 세

상 사람들과 결혼하기 시작했습니다.

> 이르시되 내가 창조한 사람을
> 내가 지면에서 쓸어 버리되
> 사람으로부터 가축과 기는 것과
> 공중의 새까지 그리하리니 이는 내가
> 그것들을 지었음을 한탄함이니라 하시니라 (6:7)

하나님의 백성들이 세상 사람들과 결혼하기 시작한 것은 심각한 문제였습니다. 하나님보다 사람을 더 좋아한다는 증거였기 때문입니다. 그래서 하나님은 세상을 심판하겠다고 하셨습니다. 타락한 사람들을 한 사람도 남기지 않고 땅에서 쓸어 버리겠다고 하셨습니다. 하나님은 우리가 하나님을 가장 사랑하길 원하십니다. 만약 우리가 하나님보다 사람을 더 좋아하거나 하나님보다 다른 것을 더 좋아한다면, 하나님의 심판이 임할 것입니다.

> 그러나 노아는 여호와께 은혜를 입었더라 (6:8)

모든 사람들이 하나님을 떠났습니다. 하지만 한 가정만은 믿음을 지키고 있었습니다. 노아의 가정입니다. 특히 노아는 하나님의 뜻대로 살기 위해 최선을 다했습니다. 그런데 노아가 믿음을 지킬 수 있었던 것은 하나님께서 그에게 은혜를 베푸셨기 때문입니다. 우리도 마찬가지입니다. 우리가 세상에서 믿음을 지키려면 하나님의 은혜가 필요합니다. 하나님의 은혜 없이는 타락한 세상에서 믿음을 지키며 살 수 없습니다.

> 너는 고페르 나무로 너를 위하여
> 방주를 만들되 그 안에 칸들을 막고
> 역청을 그 안팎에 칠하라 (6:14)

하나님은 노아에게 방주를 만들라고 하셨습니다. 방주는 커다란 배를 의미합니다. 하나님께서 노아에게 만들라고 하신 방주는 축구장만 한 크기였습니다. 그렇게 큰 배를 만들기는 쉽지 않았을 것입니다. 하지만 노아는 하나님께 순종하기 위해 무려 120년 동안 방주를 만들었습니다. 하나님께 순종한 결과, 노아는 홍수 심판에서 생존할 수 있었습니다. 우리도 마찬가지입니다. 하나님께 순종하는 삶이 가장 안전한 삶입니다. 우리가 날마다 하나님께 순종하면, 하나님은 우리를 안전한 길로 인도해 주십니다.

묵상

하나님의 백성들이 세상 사람들과 결혼한 것은
어떤 점에서 심각한 문제입니까?

_____

_____

_____

_____

노아가 하나님을 잘 믿을 수 있었던 이유는 무엇입니까?

_____

_____

_____

기도

하나님. 하나님은 노아에게 은혜를 베푸시고, 노아가 방주를
만들 수 있도록 힘을 주셨습니다. 저도 노아와 같이 하나님께
순종하며 살도록 은혜를 베풀어 주세요. 힘과 지혜를 주세요.
예수님의 이름으로 기도합니다. 아멘.

노아가 여호와께 제단을 쌓고

창세기 8장 | 찬송가 214장. 나 주의 도움 받고자

하나님이 노아와 그와 함께 방주에 있는

모든 들짐승과 가축을 기억하사

하나님이 바람을 땅 위에 불게 하시매

물이 줄어들었고 (8:1)

하나님은 세상에 비를 내리셨습니다. 비는 쉬지 않고 내렸습니다. 높은 산을 덮을 정도로 많은 비가 내렸습니다. 노아의 가족을 제외한 모든 사람은 홍수 심판으로 생명을 잃었습니다. 하지만 노아의 가족은 안전했습니다. 하나님께서 그들을 기억하시고 보호하셨기 때문입니다. 지금도 하나님은 우리 한 사람 한 사람을 기억하십니

다. 하나님은 절대로 우리를 잊지 않으십니다. 노아를 잊지 않으신 하나님은 우리도 잊지 않으십니다. 노아를 보호하신 하나님은 우리도 보호하십니다. 그래서 우리는 안전합니다. 하나님은 늘 우리와 함께하십니다.

> 깊음의 샘과 하늘의 창문이 닫히고
> 하늘에서 비가 그치매 (8:2)

쉬지 않고 내리던 비가 그쳤습니다. 땅에서는 점점 물이 줄어들기 시작했습니다. 이처럼 하나님은 자연 만물을 다스리시는 분입니다. 비가 내리는 것도 하나님의 뜻이고, 비가 그치는 것도 하나님의 뜻입니다. 세상 모든 것이 하나님의 뜻에 달려 있습니다. 하나님은 세상을 창조하셨을 뿐만 아니라 한순간도 쉬지 않고 세상을 다스리고 계십니다.

> 노아가 그 아들들과 그의 아내와
> 그 며느리들과 함께 나왔고 (8:18)

드디어 노아의 가족들이 방주에서 나왔습니다. 노아의 가족은 한 사람도 홍수 심판에서 생명을 잃지 않았습니다. 하나님께서 그들을 안전하게 보호하셨기 때문입니다. 홍수 심판처럼 큰 문제가 닥쳐도 하나님께서 우리와 함께하시면 우리는 안전합니다. 그래서 우리는 하나님을 의지해야 합니다. 하나님의 도움을 구해야 합니다. 문제가 생기면 가장 먼저 하나님께 기도해야 합니다.

노아는 하나님께 제단을 쌓았습니다. 구약 시대에는 제단에서 제사를 드리는 방식으로 하나님을 예배했습니다. 이처럼 노아는 구원받은 사람이 무엇에 힘써야 하는지를 알았습니다. 노아는 하나님의 백성들이 예배에 힘써야 한다는 사실을 알았습니다. 우리도 마찬가지입니다. 우리 삶에서 가장 중요한 것은 예배입니다. 우리는 절대로 예배를 포기하지 말아야 합니다. 최선의 예배를 하나님께 드리기 위해 노력해야 합니다. 하나님은 우리가 예배하는 것을 가장 좋아하십니다. 하나님의 뜻대로 살기 원한다면, 반드시 정해진 시간에 하나님을 예배해야 합니다.

묵상

홍수 심판에서 노아의 가족이
안전할 수 있었던 이유는 무엇입니까?

_____

_____

_____

_____

비가 그치고 물이 줄어든 것을 통해
어떤 사실을 알 수 있습니까?

_____

_____

_____

_____

기도

하나님. 하나님은 노아가 드린 예배를 기쁘게 받으셨습니다.
저희도 하나님을 예배하고, 찬송하는 일에 최선을 다하게 해
주세요. 어떤 이유로도 예배를 포기하지 않게 해 주세요. 예수
님의 이름으로 기도합니다. 아멘.

6주

성읍과 탑을 건설하여 우리 이름을 내고
온 지면에 흩어짐을 면하자

창세기 11장 | 찬송가 252장. 나의 죄를 씻기는

또 말하되 자, 성읍과 탑을 건설하여
그 탑 꼭대기를 하늘에 닿게 하여 우리 이름을 내고
온 지면에 흩어짐을 면하자 하였더니 (11:4)

홍수 후에도 사람들은 죄를 지었습니다. 대표적인 것이 바벨탑 사건입니다. 사람들이 바벨탑을 건설한 목적은 두 가지입니다. 첫째, 사람의 이름을 자랑하기 위해서입니다("우리 이름을 내고"). 둘째, 흩어지지 않기 위해서입니다("온 지면에 흩어짐을 면하자"). 그런데 두 가지 모두 하나님의 뜻이 아닙니다. 첫째, 그들은 사람의 이름이 아니라 하나님의 이름을 자랑했어야 합니다. 둘째, 그들은 온 세상에 흩어져서 하나님의 나라를 건설해야 했습니다(창 9:1).

> 여호와께서 사람들이 건설하는
> 그 성읍과 탑을 보려고 내려오셨더라 (11:5)

사람들은 하늘에 닿을 만큼 높은 탑을 건설했습니다. 하나님은 그 탑을 보기 위해 하늘에서 내려오셔야 했습니다. 그런데 사실 하나님은 어디에나 계시기 때문에, 바벨탑을 보기 위해 내려오실 필요가 없습니다. 그런데도 내려오셨다고 표현하는 것은 하나님께서 보시기에 바벨탑이 매우 작았다는 뜻입니다. 이처럼 하나님과 상관없는 없는 일은 어떤 일이든 작고 보잘것없는 일입니다. 반대로 하나님을 위해서 하는 일은 어떤 일이든 크고 위대한 일입니다.

> 여호와께서 이르시되 이 무리가 한 족속이요
> 언어도 하나이므로 이같이 시작하였으니
> 이후로는 그 하고자 하는 일을 막을 수 없으리로다 (11:6)

사람들은 한마음으로 바벨탑을 건설했습니다. 이것은 언어가 하나였기에 가능했습니다. 그래서 하나님은 언어를 혼잡하게 하셨습니다. 사람들이 여러 가지 언어를 사용하게 함으로써 대화를 나누지 못하게 하셨습니다. 언어가 달라지자 대화를 나눌 수 없었습니다. 대화를 나누지 못하자 바벨탑을 건설할 수 없었습니다. 결국 사람들은 바벨탑 건설을 중도에 포기하고 말았습니다. 이와 같이 하나님과 상관없는 일은 반드시 무너지고 맙니다. 우리는 사람의 영광이 아니라 하나님의 영광을 위해서 살아야 합니다.

> 데라는 칠십 세에
>
> 아브람과 나홀과 하란을
>
> 낳았더라 (11:26)

홍수 후에도 사람들은 하나님께 순종하지 않았습니다. 심판 후에도 사람들은 하나님과 상관없이 살았습니다. 그래도 하나님은 우리의 구원을 위해서 일하셨습니다. 그처럼 어두운 시대에도 하나님은 하나님의 백성들을 보존하고 계셨습니다. 대표적인 사람이 데라의 아들인 아브라함입니다. 하나님은 죄가 가득한 세상에서 아브라함을 선택하셨습니다. 이제 하나님은 아브라함과 그의 후손들을 통해, 세상 나라 가운데 하나님의 나라를 세우실 것입니다. 그리고 아브라함의 후손 가운데 우리의 구원자를 보내실 것입니다. 예수님은 아브라함의 후손으로 이 세상에 오셨습니다.

묵상

노아의 홍수 후에도 죄가 사라지지 않았음을 보여 주는
대표적인 사건은 무엇입니까?

_____

_____

_____

하나님께서 바벨탑을 보기 위해 하늘에서 내려오셨다고
표현하는 이유는 무엇입니까?

_____

_____

_____

_____

기도

하나님. 만물 가운데 가장 가치 있는 이름은 하나님의 이름입
니다. 영원히 찬양받을 이름은 하나님의 이름입니다. 사람의
이름을 자랑하지 않고, 하나님의 이름만을 자랑하게 해 주세
요. 예수님의 이름으로 기도합니다. 아멘.

7주

여호와께서 아브람에게 이르시되

창세기 12장 | 찬송가 257장. 마음에 가득한 의심을 깨치고

여호와께서 아브람에게 이르시되
너는 너의 고향과 친척과 아버지의 집을 떠나
내가 네게 보여 줄 땅으로 가라 (12:1)

아브라함은 갈대아 우르 지역에서 살고 있었습니다. 갈대아 우르는 우상을 숭배하는 도시였습니다. 그래서 하나님은 아브라함에게 갈대아 우르를 떠나라고 하셨습니다. 갈대아 우르를 떠나서 하나님께서 보여 주시는 곳으로 가라고 하셨습니다. 우리도 마찬가지입니다. 하나님은 우리를 세상에서 건져 내셨습니다. 하나님은 우리를 세상 나라가 아니라 하나님 나라에 속한 사람이 되게 하셨습니다.

그러므로 우리는 세상 사람들과 다르게 살아야 합니다. 세상 사람들과 다른 말과 행동을 해야 합니다.

> 이에 아브람이 여호와의 말씀을 따라갔고
> 롯도 그와 함께 갔으며 아브람이 하란을 떠날 때에
> 칠십오 세였더라 (12:4)

하나님께서 아브라함을 부르실 때, 아브라함의 나이는 칠십오 세였습니다. 새로운 지역에서 새로운 삶을 시작하기에는 결코 적은 나이가 아니었습니다. 하지만 아브라함은 하나님의 말씀에 순종했습니다. 아브라함은 하나님의 말씀에 순종하기 위해 고향과 친척을 떠났습니다. 고대에는 고향 땅에 친척들이 모여서 살았습니다. 고향에는 살기 위해 필요한 모든 것이 있었습니다. 따라서 아브라함이 고향과 친척을 떠난 것은 모든 것을 포기한 것이나 마찬가지입니다. 하지만 아브라함은 모든 것을 포기한 대신 하나님을 얻었습니다. 아브라함은 이 세상의 편안함을 포기한 대신 영원한 다음 세상을 얻었습니다.

> 아브람이 그 땅을 지나
> 세겜 땅 모레 상수리나무에 이르니
> 그때에 가나안 사람이 그 땅에 거주하였더라 (12:6)

하나님이 아브라함에게 주신다고 약속한 땅은 가나안입니다. 그런데 가나안은 비어 있는 땅이 아니었습니다. 가나안에는 이미 원주민이 살고 있었습니다. 하지만 아브라함은 다시 고향으로 돌아가지 않았습니다. 아브라함은 하나님을 믿었습니다. 하나님께서 언젠가는 가나안 땅을 주실 것이라고 믿었습니다. 아브라함은 믿음의 사람이 었습니다.

> 여호와께서 아브람에게 나타나 이르시되
>
> 내가 이 땅을 네 자손에게 주리라 하신지라
>
> 자기에게 나타나신 여호와께
>
> 그가 그곳에서 제단을 쌓고 (12:7)

하나님이 아브라함에게 나타나셨습니다. 하나님은 다시 한번 아브 라함에게 약속하셨습니다. 가나안 땅을 아브라함의 후손에게 주신 다고 약속하셨습니다. 아브라함은 하나님을 향한 감사의 마음을 예 배로 표현했습니다. 아브라함이 제단을 쌓은 것은 하나님을 예배 한 행동입니다. 우리도 예배를 통해 하나님께 감사를 나타내야 합니 다. 예배를 통해 우리를 구원하신 하나님을 높여야 합니다. 예배를 통해 우리를 돌보시는 하나님을 찬양해야 합니다.

묵상

아브라함이 고향과 친척을 떠난 것은
무엇을 포기한 것과 마찬가지입니까?

_____

_____

_____

_____

아브라함은 모든 것을 포기한 대신에 무엇을 얻었습니까?

_____

_____

_____

_____

기도

하나님. 아브라함은 하나님의 약속을 믿었습니다. 그래서 하
나님은 아브라함을 의롭다고 하셨습니다. 저희도 하나님의 약
속을 믿게 해 주세요. 하나님을 의심하지 않고 신뢰하게 해 주
세요. 예수님의 이름으로 기도합니다. 아멘.

네가 좌하면 나는 우하고
네가 우하면 나는 좌하리라

창세기 13장 | 찬송가 258장. 샘물과 같은 보혈은

▌ 아브람에게 가축과 은과 금이 풍부하였더라 (13:2)

아브라함은 하나님께 순종하기 위해 모든 것을 버렸습니다. 하지만 아브라함은 망하지 않았습니다. 오히려 아브라함은 이전보다 더 풍부하게 되었습니다. 하나님께서 아브라함에게 복을 주셨기 때문입니다. 이처럼 하나님께 우리 인생을 맡기면, 하나님은 우리 인생을 책임져 주십니다. 우리가 하나님께 필요한 것을 구하면, 하나님은 우리에게 필요한 것을 공급해 주십니다. 따라서 우리는 하나님만 의지해야 합니다. 절대로 하나님을 떠나서는 안 됩니다.

> 아브람의 일행 롯도 양과 소와 장막이 있으므로
> 그 땅이 그들이 동거하기에 넉넉하지 못하였으니
> 이는 그들의 소유가 많아서 동거할 수 없었음이니라 (13:5-6)

당시 아브라함은 아들이 없었습니다. 그래서 아브라함은 조카 롯을 아들처럼 생각했습니다. 그런데 두 사람의 가축이 너무 늘어나서 함께 살 수 없게 되었습니다. 결국 아브라함은 사랑하는 조카와 헤어져야 했습니다. 이처럼 많이 가지는 것이 꼭 좋은 것만은 아닙니다. 우리는 하나님께 많은 것을 달라고 하기보다 꼭 필요한 만큼만 달라고 해야 합니다.

> 네 앞에 온 땅이 있지 아니하냐 나를 떠나가라
> 네가 좌하면 나는 우하고 네가 우하면 나는 좌하리라 (13:9)

아브라함은 좋은 땅을 선택할 권한을 조카에게 주었습니다. 좋은 땅이 있어야 많은 가축을 키울 수 있습니다. 많은 가축이 있어야 부자가 될 수 있습니다. 그럼에도 불구하고 아브라함은 좋은 땅을 선택할 권한을 조카에게 양보했습니다. 그 이유는 그가 하나님을 믿었기 때문입니다. 좋은 땅을 양보해도, 하나님께서 내 삶을 책임져 주신다는 믿음이 있었기 때문입니다. 하나님의 백성은 좋은 것을 양보하며 살아야 합니다. 좋은 것을 차지하려고 싸우지 말아야 합니다. 대신 하나님을 믿어야 합니다. 하나님께서 나를 돌보아 주신다는 믿음을 가져야 합니다.

> 이에 롯이 눈을 들어 요단 지역을 바라본즉
> 소알까지 온 땅에 물이 넉넉하니 여호와께서
> 소돔과 고모라를 멸하시기 전이었으므로
> 여호와의 동산 같고 애굽 땅과 같았더라 (13:10)

롯은 소돔을 선택했습니다. 소돔은 가축을 키우기에 최적의 도시였기 때문입니다. 하지만 소돔은 매우 타락한 도시였습니다. 머지 않아 하나님의 심판을 받게 될 도시였습니다. 그러나 롯은 하나님의 뜻을 전혀 생각하지 않았습니다. 롯은 오직 성공만을 생각했습니다. 장차 롯은 하나님께서 싫어하시는 선택을 한 결과, 큰 어려움을 겪게 됩니다. 이렇듯 우리는 무언가를 선택할 때 하나님의 마음을 생각해야 합니다. 하나님께서 기뻐하시는 선택을 하기 위해 노력해야 합니다.

묵상

아브라함이 이전보다 더 풍부하게 된 이유는 무엇입니까?

_____

_____

_____

왜 아브라함은 좋은 땅을 선택할 기회를
조카에게 양보했습니까?

_____

_____

_____

_____

기도

하나님. 하나님은 우리의 삶을 지키시고 보호하십니다. 사람을 의지하지 않고 하나님만 의지하게 해 주세요. 성공을 위해 하나님을 떠나지 않고 복의 근원이신 하나님 안에서 살게 해 주세요. 예수님의 이름으로 기도합니다. 아멘.

9주

조카 롯과 그의 재물과
또 부녀와 친척을 다 찾아왔더라

창세기 14장 | 찬송가 260장. 우리를 죄에서 구하시려

> 네 왕이 소돔과 고모라의
> 모든 재물과 양식을 빼앗아 가고 (14:11)

북쪽의 강대국들이 남쪽의 가나안 지방을 침략했습니다. 이처럼 가나안은 전쟁의 땅이었습니다. 하나님께서 아브라함에게 주신 가나안은 기근과 전쟁이 자주 찾아오는 지역이었습니다. 하나님은 왜 아브라함에게 이처럼 살기 어려운 땅을 주셨을까요? 하나님은 왜 아브라함에게 애굽처럼 풍요로운 땅이 아니라 가나안처럼 살기 어려운 땅을 주셨을까요? 그 이유는 하나님을 의지하는 법을 가르치시

기 위해서입니다. 애굽처럼 풍요로운 곳에서는 하나님을 의지하는 법을 배우기 어렵습니다. 하지만 가나안은 하나님의 은혜 없이 살 수 없는 지역입니다. 그래서 하나님은 아브라함에게 가나안 땅을 주셨습니다.

> 소돔에 거주하는 아브람의 조카 롯도 사로잡고
> 그 재물까지 노략하여 갔더라 (14:12)

북쪽의 강대국들이 소돔을 침략했습니다. 그리고 많은 사람을 사로잡아 갔습니다. 사로잡힌 사람 중에는 아브라함의 조카 롯도 있었습니다. 롯은 성공을 위해 소돔으로 이주했습니다. 당시 소돔은 가장 부패하고 타락한 도시였습니다. 롯은 하나님의 뜻을 전혀 생각하지 않은 선택을 했습니다. 롯은 잘못된 선택을 한 결과, 전쟁 포로가 되는 비참한 일을 겪었습니다. 우리도 마찬가지입니다. 당장 눈앞의 이익만 생각하고 살아서는 안 됩니다. 우리의 욕심대로 살아서는 안 됩니다. 무엇이 하나님의 뜻인지를 생각해야 합니다. 그것이 가장 안전하고 좋은 길입니다.

> 아브람이 그의 조카가 사로잡혔음을 듣고
> 집에서 길리고 훈련된 자
> 삼백십팔 명을 거느리고 단까지 쫓아가서 (14:14)

아브라함은 조카 롯이 전쟁 포로가 되었다는 소식을 들었습니다. 아브라함은 조카 롯을 아들처럼 사랑했습니다. 그래서 아브라함은 소수의 군대를 이끌고 전쟁에 참여했습니다. 아브라함이 전쟁에 참여한 것은 단지 롯을 사랑했기 때문만은 아닙니다. 아브라함은 하나님을 믿었기 때문에 전쟁에 참여했습니다. 아브라함은 하나님께서 승리를 주시리라 믿었기 때문에 전쟁에 참여했습니다. 이처럼 가장 강한 사람은 믿음의 사람입니다. 하나님을 믿는 사람, 하나님의 도움을 구하는 사람, 하나님과 함께하는 사람이 가장 강한 사람입니다.

> 모든 빼앗겼던 재물과 자기의 조카 롯과
> 그의 재물과 또 부녀와 친척을 다 찾아왔더라 (14:16)

아브라함은 소수의 군대로 전쟁에 참여했습니다. 아브라함이 전쟁에서 승리하는 것은 현실적으로 불가능했습니다. 하지만 아브라함은 전쟁에서 승리했습니다. 그 비결은 하나님의 약속입니다. 하나님은 아브라함에게 다음과 같이 약속하셨습니다. "네게 복을 주어 네 이름을 창대하게 하리니 너는 복이 될지라"(창 12:2). 하나님은 아브라함이 세상의 복이 될 것이라고 약속하셨습니다. 하나님은 이 약속을 지키기 위해 아브라함에게 승리를 주셨습니다. 이처럼 하나님은 약속을 반드시 지키시는 분입니다. 하나님의 약속을 믿을 때, 우리도 아브라함처럼 용감한 삶을 살 수 있습니다.

묵상

하나님께서 아브라함에게 주신 가나안은
어떤 지역이었습니까?

_____

_____

하나님께서 아브라함에게 살기 어려운 땅을
주신 이유는 무엇입니까?

_____

_____

하나님께서 우리에게 문제와 어려움을
주시는 이유는 무엇입니까?

_____

_____

기도

신실하신 하나님. 하나님은 약속을 지키시는 분이십니다. 하
나님은 우리에게 구원과 보호를 약속하셨습니다. 하나님의 약
속을 믿고, 언제나 감사하며 찬양하는 삶을 살게 해 주세요. 하
나님의 약속을 믿고, 담대하게 살아갈 수 있게 해 주세요. 예수
님의 이름으로 기도합니다. 아멘.

10주

아브람아 두려워하지 말라
나는 네 방패요 너의 지극히 큰 상급이니라

창세기 15장 | 찬송가 265장. 주 십자가를 지심으로

이후에 여호와의 말씀이 환상 중에
아브람에게 임하여 이르시되 아브람아 두려워하지 말라
나는 네 방패요 너의 지극히 큰 상급이니라 (15:1)

아브라함은 하나님의 은혜로 전쟁에서 승리했습니다. 하지만 아브
라함은 두려웠습니다. 강대국들이 복수하기 위해 자신을 찾아올까
봐 두려웠습니다. 바로 그때 하나님께서 아브라함을 찾아오셨습니
다. 그리고 아브라함에게 말씀하셨습니다. "나는 네 방패이다."라고
말씀하셨습니다. 어떤 상황에서도 하나님은 아브라함을 안전하게

지켜 주신다는 뜻입니다. 이처럼 하나님은 우리의 방패이십니다. 하나님은 언제나 우리를 지켜 주십니다.

> 그를 이끌고 밖으로 나가 이르시되 하늘을
> 우러러 뭇별을 셀 수 있나 보라 또 그에게 이르시되
> 네 자손이 이와 같으리라 아브람이 여호와를 믿으니
> 여호와께서 이를 그의 의로 여기시고 (15:5-6)

하나님은 아브라함에게 자손을 약속하셨습니다. 하늘의 별처럼 많은 자손을 약속하셨습니다. 이때 아브라함의 나이는 적지 않았습니다. 따라서 아브라함이 하나님의 약속을 믿기란 쉽지 않았습니다. 하지만 아브라함은 하나님의 약속을 믿었습니다. 자손을 가지기 어려운 처지였음에도 하나님의 약속을 믿었습니다. 하나님은 아브라함의 믿음을 보시고서, 아브라함을 의롭다고 하셨습니다. 이처럼 우리가 하나님 앞에서 의롭게 되는 것은 오직 믿음입니다.

> 해 질 때에 아브람에게 깊은 잠이 임하고
> 큰 흑암과 두려움이 그에게 임하였더니 (15:12)

하나님은 아브라함에게 언약식을 준비하라고 하셨습니다. 언약식은 엄중한 약속을 의미합니다. 언약식은 반드시 약속을 지키겠다고 서로 맹세하는 것입니다. 그래서 언약식에는 당사자가 모두 참여해야 합니다. 하나님과 아브라함 모두 참여해야 합니다. 그런데 하나님은 아브라함에게 깊은 잠을 주셨습니다. 그리고 하나님 홀로 언약식에 참여하셨습니다. 이것은 아브라함과 상관없이 하나님께서 언약을 이루신다는 뜻입니다. 아브라함이 약속을 이행하지 못하고 부

족해도 하나님께서 홀로 약속하신 것을 이루신다는 뜻입니다. 우리의 구원도 마찬가지입니다. 우리는 구원을 얻기에 부족합니다. 우리는 하나님의 자녀가 되기에 부족합니다. 하지만 하나님께서 우리의 구원을 이루시고, 우리를 자녀 삼아 주셨습니다.

묵상

하나님이 우리의 방패임을 믿습니까?

_____

_____

_____

하나님은 아브라함의 무엇을 보시고서
아브라함을 의롭다고 하셨습니까?

_____

_____

_____

기도

언약의 하나님. 약속하신 것을 반드시 이루시는 하나님. 우리
에게 구원을 약속하시고, 약속하신 대로 우리를 구원해 주셔
서 감사합니다. 약속하신 대로 우리와 늘 함께해 주셔서 감사
합니다. 하나님의 은혜를 날마다 감사하고 찬양하며 살게 해
주세요. 예수님의 이름으로 기도합니다. 아멘.

11주

네 이름을 아브람이라 하지 아니하고
아브라함이라 하리니

창세기 17장 | 찬송가 270장. 변찮는 주님의 사랑과

> 아브람이 구십구 세 때에 여호와께서
> 아브람에게 나타나서 그에게 이르시되
> 나는 전능한 하나님이라
> 너는 내 앞에서 행하여 완전하라 (17:1)

아브라함은 99세가 되었습니다. 자손을 갖기에는 너무 많은 나이가 되었습니다. 바로 이때 하나님께서 아브라함에게 말씀하셨습니다. "나는 전능한 하나님이다." 그렇습니다. 하나님의 능력에는 한계가 없습니다. 하나님은 하고자 하시는 일은 무엇이든 하실 수 있습니

다. 사람에게는 불가능한 일이라도, 하나님께는 불가능한 것이 없습니다. 그러므로 우리는 끝까지 하나님을 믿어야 합니다. 계속해서 하나님께 소망을 두어야 합니다. 포기하지 않고 하나님의 도움을 구해야 합니다.

> 이제 후로는 네 이름을 아브람이라 하지 아니하고
> 아브라함이라 하리니 이는 내가 너를
> 여러 민족의 아버지가 되게 함이니라 (17:5)

아브라함의 원래 이름은 '아브람'입니다. 그런데 하나님은 아브람의 이름을 '아브라함'으로 바꾸어 주셨습니다. 아브라함은 "여러 민족의 아버지"라는 뜻입니다. 실제로 아브라함은 여러 민족의 조상이 되었습니다. 아브라함의 후손들은 수많은 민족을 형성했습니다. 특히 아브라함은 믿음으로 의롭다 함을 받는 자들의 조상입니다. 그래서 아브라함은 '믿음의 조상'이라고 불립니다. 아브라함이 이렇게 큰 명예를 얻은 것은 하나님께서 그에게 복을 주셨기 때문입니다. 하나님은 아브라함에게 복을 약속하셨고, 실제로 그 약속을 이루셨습니다. 하나님은 자기 백성들을 복 있는 사람이 되게 하십니다.

> 너희 중 남자는 다 할례를 받으라
> 이것이 나와 너희와 너희 후손 사이에
> 지킬 내 언약이니라 (17:10)

하나님은 아브라함에게 할례를 명령하셨습니다. 아브라함뿐만 아니라 아브라함의 후손들도 남자라면 누구든지 할례를 받으라고 하셨습니다. 할례는 하나님의 백성답게 살겠다고 다짐하는 의식입니다. 할례를 받기 위해서는 생식기의 일부를 잘라야 합니다. 남자의 생식기는 힘과 생명을 상징합니다. 따라서 할례는 하나님께만 힘과 생명이 있다는 사실을 의미합니다. 이처럼 하나님의 백성들은 자신의 힘을 의지하지 않습니다. 하나님의 백성들은 하나님의 힘을 의지합니다. 구약에서의 할례는 신약에서 세례로 변경되었습니다. 이제 우리는 세례를 통해 하나님의 백성답게 살겠다고 다짐합니다.

> 하나님이 또 아브라함에게 이르시되
> 네 아내 사래는 이름을 사래라 하지 말고
> 사라라 하라 (17:15)

사라는 아브라함의 아내입니다. 사라의 원래 이름은 '사래'입니다. 하나님은 사래의 이름을 '사라'로 바꾸어 주셨습니다. 사라는 "여러 민족의 어머니"라는 뜻입니다. 실제로 사라는 여러 민족의 어머니가 되었습니다. 사라의 후손들은 수많은 민족을 형성했습니다. 사라는 자신이 자손을 얻는 것이 불가능하다고 생각했습니다. 하지만 사라는 하나님께서 주신 복으로 여러 민족의 어머니가 되었습니다.

묵상

하나님께서 지어 주신 이름, '아브라함'의 뜻은 무엇입니까?

_____

_____

할례는 무엇을 의미합니까?

_____

_____

_____

이제 우리는 할례 대신 무엇을 행합니까?

_____

_____

_____

기도

신실하신 하나님. 하나님은 반드시 약속을 이루시는 분입니다. 하나님의 약속이 느리게 이루어질지라도 끝까지 하나님을 믿게 해 주세요. 포기하지 않고 하나님의 때를 기다리게 해 주세요. 의심하지 않고 믿음으로 기다리게 해 주세요. 예수님의 이름으로 기도합니다. 아멘.

12주

네가 무슨 일을 하든지 하나님이 너와 함께 계시도다

창세기 21장 | 찬송가 279장. 인애하신 구세주여

> 아브라함이 그의 아들 이삭이 그에게
> 태어날 때에 백 세라 사라가 이르되
> 하나님이 나를 웃게 하시니
> 듣는 자가 다 나와 함께 웃으리로다 (21:5-6)

100세의 아브라함이 아들을 낳았습니다. 하나님께서 행하신 기적이 었습니다. 덕분에 아브라함의 가정에는 기쁨이 넘쳤습니다. 그래서 아브라함은 아들의 이름을 '웃음'이라는 뜻의 '이삭'으로 지었습니 다. 이처럼 하나님께 소망을 두는 자에게는 기쁨이 있습니다. 하나님을 믿고 따르는 자에게는 은혜가 있습니다.

> 그때에 아비멜렉과 그 군대 장관 비골이
> 아브라함에게 말하여 이르되
> 네가 무슨 일을 하든지
> 하나님이 너와 함께 계시도다 (21:22)

아비멜렉 왕이 군대 장관 비골과 함께 아브라함을 찾아왔습니다. 아브라함과 평화 조약을 맺기 위해서입니다. 아비멜렉 왕이 아브라함과 평화 조약을 맺은 이유는 그가 하나님께서 아브라함과 함께하시는 것을 보았기 때문입니다. 특히 100세의 아브라함이 자손을 가진 것은 아비멜렉의 눈에 매우 특별하게 보였을 것입니다. 오래전 하나님은 아브라함에게 다음과 같이 약속하셨습니다. "네게 복을 주어 네 이름을 창대하게 하리니 너는 복이 될지라"(창 12:2). 하나님의 말씀대로 아브라함의 이름은 창대하게 되었습니다.

> 아브라함이 이르되 너는 내 손에서
> 이 암양 새끼 일곱을 받아
> 내가 이 우물 판 증거를 삼으라 하고
> 두 사람이 거기서 서로 맹세하였으므로
> 그곳을 브엘세바라 이름하였더라 (21:30-31)

하나님은 아브라함에게 가나안 땅을 주겠다고 약속하셨습니다. 하지만 가나안에는 이미 원주민들이 살고 있었습니다. 아브라함은 가나안에서 한 평의 땅도 소유하지 못한 나그네였습니다. 그러나 아브라함은 하나님의 약속을 믿었습니다. 언젠가는 하나님께서 가나안 땅을 주실 것이라고 믿었습니다. 그래서 아브라함은 아비멜렉에게 암양 일곱 마리를 주었습니다. 우물에 대한 소유권을 주장하기 위해서입니다. 아브라함은 도저히 믿기 힘든 상황에서도 하나님을 믿었습니다. 하나님께서 약속을 지키실 것이라고 믿었습니다. 아브라함은 믿음의 사람이었습니다.

> 아브라함은 브엘세바에 에셀 나무를 심고
> 거기서 영원하신 여호와의 이름을 불렀으며 (21:33)

하나님은 아브라함의 이름을 창대하게 하셨습니다. 한 나라의 왕이 아브라함과 평화 조약을 맺을 정도로 아브라함은 영향력 있는 사람이 되었습니다. 하지만 아브라함은 교만하지 않았습니다. 아브라함은 아비멜렉 왕과 평화 조약을 맺은 후 하나님의 이름을 불렀습니다. 이것은 아브라함이 하나님을 예배했다는 뜻입니다. 아브라함은 예배를 통해 모든 영광을 하나님께만 돌렸습니다.

묵상

아브라함이 아들의 이름을 이삭이라고
지은 이유는 무엇입니까?

_____

_____

아비멜렉 왕이 아브라함과 평화 조약을
맺은 이유는 무엇입니까?

_____

_____

아브라함이 평화 조약을 맺은 후에
하나님을 예배한 이유는 무엇입니까?

_____

_____

기도

하나님. 아브라함은 하나님께만 소망을 두었습니다. 하나님께
서 약속을 이루실 것이라고 믿었습니다. 저희 가정도 하나님
께만 소망을 두게 해 주세요. 하나님께서 약속을 이루실 것이
라고 믿게 해 주세요. 예수님의 이름으로 기도합니다. 아멘.

13주

내가 이제야 네가
하나님을 경외하는 줄을 아노라

창세기 22장 | 찬송가 284장. 오랫동안 모든 죄 가운데 빠져

> 그 일 후에 하나님이 아브라함을 시험하시려고
> 그를 부르시되 아브라함아 하시니
> 그가 이르되 내가 여기 있나이다 (22:1)

아브라함이 이삭을 낳은 후에 일어난 일입니다. 하나님께서 아브라함을 시험하셨습니다. 하나님의 시험은 사탄의 시험과 다릅니다. 사탄의 시험은 죄를 짓게 하는 유혹이지만, 하나님의 시험은 우리를 강하게 하는 훈련입니다. 하나님은 아브라함의 믿음을 강하게 하시려고 아브라함을 시험하셨습니다.

> 여호와께서 이르시되
> 네 아들 네 사랑하는 독자 이삭을 데리고
> 모리아 땅으로 가서 내가 네게 일러 준
> 한 산 거기서 그를 번제로 드리라
> 아브라함이 아침에 일찍이 일어나 …
> 하나님이 자기에게 일러 주신 곳으로 가더니 (22:2-3)

하나님은 아브라함에게 이삭을 번제로 바치라고 말씀하셨습니다. 번제는 제물을 죽이는 제사입니다. 하나님께서 아브라함에게 아들을 죽이라고 명령하신 셈입니다. 아마 아브라함은 깜짝 놀랐을 것입니다. 하지만 아브라함은 하나님을 신뢰했습니다. 하나님은 선한 분이시고, 악을 행하지 않으신다는 사실을 믿었습니다. 그래서 아브라함은 하나님의 말씀에 순종했습니다. 아브라함은 아침 일찍 일어나 하나님께서 말씀하신 장소로 떠났습니다.

> 이에 아브라함이 종들에게 이르되
> 너희는 나귀와 함께 여기서 기다리라
> 내가 아이와 함께 저기 가서 예배하고
> 우리가 너희에게로 돌아오리라 하고 (22:5)

아브라함은 함께 있던 종들에게 번제를 드리는 곳까지 따라오지 말고 "여기서 기다리라"라고 말했습니다. 아마 아브라함은 이삭을 번제로 바치는 일에 종들이 방해가 된다고 생각했던 것 같습니다. 이때 아브라함은 놀라운 말을 남겼습니다. "우리가 너희에게로 돌아오리라." 아브라함은 혼자 돌아오지 않고, 아들과 함께 돌아오겠다고 말했습니다. 아브라함은 이삭을 번제로 바치더라도 하나님께서 이삭을 다시 살려 주실 것이라고 믿었습니다(히 11:19).

> 사자가 이르시되 그 아이에게 네 손을 대지 말라
> 그에게 아무 일도 하지 말라
> 네가 네 아들 네 독자까지도
> 내게 아끼지 아니하였으니 내가 이제야
> 네가 하나님을 경외하는 줄을 아노라 (22:12)

아브라함은 하나님의 말씀에 순종하기 위해 칼을 들었습니다. 아브라함이 칼로 아들을 찌르려는 순간, 하나님은 아브라함에게 칼을 내려놓으라고 말씀하셨습니다. 그리고 다음과 같이 말씀하셨습니다. "이제야 네가 하나님을 경외하는 줄을 아노라." 아브라함은 하나님보다 이삭을 더 사랑했습니다. 하지만 하나님은 아브라함이 하나님을 가장 사랑하길 원하셨습니다. 바로 이것이 하나님께서 아브라함을 시험하신 이유였습니다.

묵상

하나님의 시험과 사탄의 시험은 어떻게 다릅니까?

_____

_____

_____

하나님께서 아브라함을 시험하신 이유는 무엇입니까?

_____

_____

_____

_____

기도

하나님. 하나님은 아브라함을 시험하셨습니다. 하나님을 더
사랑하게 하시려고 시험하셨습니다. 하나님은 지금도 저희를
시험하십니다. 하나님의 시험을 잘 통과할 수 있는 믿음을 갖
게 해 주세요. 하나님의 시험을 잘 통과해서, 지금보다 믿음이
더 자라게 해 주세요. 예수님의 이름으로 기도합니다. 아멘.

14주

사라가 가나안 땅 헤브론 곧 기럇아르바에서 죽으매

창세기 23장 | 찬송가 289장. 주 예수 내 맘에 들어와

> 사라가 가나안 땅 헤브론 곧 기럇아르바에서 죽으매
> 아브라함이 들어가서 사라를 위하여 슬퍼하며 애통하다가 (23:2)

아브라함의 아내 사라가 죽었습니다. 아브라함은 몹시 슬퍼하며 울었습니다. 하나님은 남자와 여자가 결혼하여 부부가 되게 하셨습니다. 부부는 서로를 도와주는 사람입니다(창 2:20). 사라는 이 역할을 잘 감당했습니다. 사라는 평생 동안 아브라함을 도와주었습니다. 아브라함이 믿음의 사람인 것처럼 사라도 믿음의 여인이었습니다. "믿음으로 사라 자신도 나이가 많아 단산하였으나 잉태할 수 있는

힘을 얻었으니 이는 약속하신 이를 미쁘신 줄 알았음이라"(히 11:11).

> 나는 당신들 중에 나그네요 거류하는 자이니
> 당신들 중에서 내게 매장할 소유지를 주어
> 내가 나의 죽은 자를 내 앞에서 내어다가
> 장사하게 하시오 (23:4)

하나님은 아브라함에게 가나안 땅을 주겠다고 약속하셨습니다. 하지만 지금까지 아브라함은 가나안에서 한 평의 땅도 소유하지 못했습니다. 아브라함은 여전히 나그네였습니다. 아브라함은 아내의 무덤을 마련하기 위해 가나안 원주민들에게서 땅을 구입해야 했습니다. 하지만 아브라함은 나그네였기 때문에 땅을 구입하는 것조차 쉽지 않았습니다.

> 에브론이 아브라함에게 대답하여 이르되
> 내 주여 내 말을 들으소서 땅 값은 은 사백 세겔이나
> 그것이 나와 당신 사이에 무슨 문제가 되리이까
> 당신의 죽은 자를 장사하소서 (23:14-15)

가나안 원주민들은 땅값으로 은 사백 세겔을 요구했습니다. 이것은 아주 비싼 금액입니다. 아브라함이 나그네라는 사실을 알고서 의도적으로 비싼 가격을 요구한 깃입니다. 아브라함은 원주민들이 요구하는 돈을 모두 지불했습니다. 아브라함이 비싼 돈을 지불하면서까지 가나안에 아내의 무덤을 마련한 이유는 그 가나안 땅을 하나님께서 주신 땅으로 믿었기 때문입니다. 언젠가는 하나님께서 아브라함의 후손들에게 가나안 땅을 주실 줄로 믿었기 때문입니다.

> 마므레 앞 막벨라에 있는 에브론의 밭
>
> 곧 그 밭과 거기에 속한 굴과 그 밭과
>
> 그 주위에 둘린 모든 나무가 성 문에 들어온
>
> 모든 헷 족속이 보는 데서
>
> 아브라함의 소유로 확정된지라 (23:17-18)

아브라함은 막벨라 굴과 인근의 밭을 구입했습니다. 이것은 아브라함이 가나안에서 처음으로 소유한 땅입니다. 이제 이 땅을 시작으로 가나안 땅 전부가 아브라함 후손들의 소유가 될 것입니다. 땅에 대한 하나님의 약속은 약 400년 후 여호수아 시대에 성취됩니다. 가나안 땅은 여호수아가 가나안 땅을 정복함으로써 아브라함 후손들의 소유가 됩니다. 하나님의 약속은 더딜지라도 반드시 이루어집니다.

묵상

왜 원주민들은 아브라함에게 비싼 금액을 요구했습니까?

_____

_____

_____

왜 아브라함은 비싼 금액을 지불하면서까지 가나안에
아내의 무덤을 마련했습니까?

_____

_____

_____

_____

기도

하나님. 하나님은 아브라함에게 가나안 땅을 주겠다고 약속하
셨습니다. 그러나 그 약속은 아브라함 시대에는 이루어지지 않
았습니다. 그 약속은 오랜 시간이 지나서 여호수아 시대에 이
루어졌습니다. 그러니 하나님의 약속은 느리더라도 반드시 이
루어진다는 사실을 믿게 해 주세요. 언제나 하나님을 신뢰하며
기다리게 해 주세요. 예수님의 이름으로 기도합니다. 아멘.

내 아들 이삭을 위하여 아내를 택하라

창세기 24장 | 찬송가 292장. 주 없이 살 수 없네

> 내 고향 내 족속에게로 가서
> 내 아들 이삭을 위하여 아내를 택하라 (24:4)

아브라함은 나이 많은 노인이 되었습니다. 아브라함은 자신이 천국으로 갈 날이 얼마 남지 않았음을 알게 되었습니다. 그래서 아브라함은 자신이 천국으로 가기 전에 꼭 해야 할 일을 시작했습니다. 이삭을 결혼시키는 일이었습니다. 아브라함은 한 종에게 이 일을 맡겼습니다. 이때 아브라함이 정한 조건은 단 한 가지였습니다. 가나안 출신의 여성이 아니라 아브라함의 고향 출신의 여성이어야 한다는 것이었습니다.

> 종이 이르되 여자가 나를 따라 이 땅으로 오려고 하지 아니하거든
>
> 내가 주인의 아들을 주인이 나오신 땅으로 인도하여 돌아가리이까
>
> 아브라함이 그에게 이르되
>
> 내 아들을 그리로 데리고 돌아가지 아니하도록 하라 (24:5-6)

아브라함이 며느리의 조건으로 정한 것은 한 가지였습니다. 아브라함의 고향 출신이어야 한다는 것이었습니다. 그 이유는 다음과 같습니다. 아브라함은 하나님을 믿었기 때문에 하나님의 말씀대로 고향을 떠나서 가나안으로 왔습니다. 따라서 아브라함의 며느리도 고향을 떠나서 가나안으로 올 수 있어야 합니다. 아브라함이 고향에서 며느리를 찾은 이유는 아들 이삭이 하나님을 믿는 여성과 혼인하기를 원했기 때문입니다. 하나님은 우리에게도 같은 것을 요구하십니다. 하나님은 자기 백성들이 불신자와 혼인하는 것을 엄하게 금지하셨습니다. 우리는 반드시 믿음을 가진 사람과 교제하고 혼인해야 합니다.

> 그가 그 사자를 너보다 앞서 보내실지라
>
> 네가 거기서 내 아들을 위하여 아내를 택할지니라 (24:7)

아브라함의 종은 믿음의 여성을 찾는 일이 쉽지 않을 것이라고 생각했습니다. 고향을 떠나서 가나안으로 오는 여성이 없을 것이라고 생각했습니다. 하지만 아브라함의 생각은 달랐습니다. 아브라함은 하나님께서 이삭의 아내를 예비하셨을 것이라고 생각했습니다. 아브라함의 생각은 사실이었습니다. 아브라함의 종은 하란에서 믿음의 여성을 만났습니다. 하나님께서 믿음의 배우자를 예비해 두셨던 것입니다. 우리도 마찬가지입니다. 하나님은 우리의 배우자를 예비해

두셨습니다. 우리는 믿음의 배우자를 만날 때까지 인내하며 기다려야 합니다.

> 그가 이르되 우리 주인 아브라함의 하나님 여호와여
> 원하건대 오늘 나에게 순조롭게 만나게 하사
> 내 주인 아브라함에게 은혜를 베푸시옵소서 (24:12)

아브라함의 종은 이삭의 아내를 찾기 위해 하란으로 갔습니다. 아브라함의 종이 하란에서 가장 먼저 한 일은 기도였습니다. 그는 이삭의 아내가 될 여자를 순조롭게 만나게 해 달라고 하나님께 기도했습니다. 그리고 이삭의 아내가 될 여자를 만났습니다. 이처럼 하나님께서 예비하신 배우자를 만나는 방법은 기도입니다. 우리는 믿음의 배우자를 위해서 기도하며 기다려야 합니다. 그러면 언젠가 하나님께서 믿음의 배우자를 만나게 해 주실 것입니다. 그리고 나 역시 누군가에게 좋은 배우자가 될 수 있도록 준비해야 합니다. 나 역시 믿음의 사람이 되어야 합니다.

묵상

왜 아브라함은 고향에서 며느리를 찾았습니까?

_____

_____

_____

우리가 믿음의 배우자를 만나려면 어떻게 해야 합니까?

_____

_____

_____

_____

기도

하나님. 하나님께서 아브라함의 며느리를 예비해 주신 것처럼, 하나님은 저희에게 필요한 것을 공급해 주시고 저희를 안전한 곳으로 인도하시는 분이십니다. 언제나 하나님의 뜻대로 살아서 하나님의 인도를 받게 해 주세요. 늘 기도하며 하나님을 의지하는 믿음의 사람이 되게 해 주세요. 예수님의 이름으로 기도합니다. 아멘.

16주

아브라함의 향년이 백칠십오 세라

창세기 25장 | 찬송가 301장. 지금까지 지내온 것

> 아브라함의 향년이 백칠십오 세라
> 그의 나이가 높고 늙어서 기운이 다하여
> 죽어 자기 열조에게로 돌아가매 (25:7-8)

아브라함은 75세에 하나님의 부름을 받았습니다. 아브라함은 그때 부터 100년 동안 하나님과 동행하는 삶을 살았습니다. 그리고 175 세에 세상을 떠났습니다. 아브라함의 삶은 죽음으로 끝나지 않았습 니다. 아브라함은 죽어서 자기 열조에게 돌아갔습니다. 아브라함은 하나님 곁에 있는 믿음의 조상들 곁으로 갔습니다. 하나님의 백성들 에게 죽음은 끝이 아니라 새로운 시작입니다. 하나님의 백성들은 죽

음 안에 머무르지 않습니다. 하나님의 백성들은 죽음을 통과해서 하나님 곁으로 갑니다.

> 그의 아들들인 이삭과 이스마엘이
> 그를 마므레 앞 헷 족속 소할의 아들
> 에브론의 밭에 있는 막벨라 굴에 장사하였으니 (25:9)

고대인들은 자신의 무덤을 고향에 마련했습니다. 다른 지역에서 살다가도 무덤만은 고향에 마련했습니다. 그런데 아브라함은 고향이 아니라 가나안에 무덤을 마련했습니다. 그 이유는 다음과 같습니다. 첫째, 아브라함은 하나님께서 주신 가나안을 새로운 고향으로 생각했습니다. 그래서 고향이 아니라 가나안에 무덤을 마련했습니다. 둘째, 아브라함은 후손들에게 가나안이 약속의 땅임을 가르치기 원했습니다. 아브라함의 무덤을 볼 때마다, 가나안이 하나님께서 주신 땅임을 기억하기를 원했습니다.

> 아브라함이 죽은 후에 하나님이
> 그의 아들 이삭에게 복을 주셨고
> 이삭은 브엘라해로이 근처에 거주하였더라 (25:11)

하나님은 지금까지 아브라함을 통해서 하나님의 나라를 세우셨습니다. 그리고 아브라함이 죽은 다음에는 이삭을 통해서 하나님의 나라를 세우셨습니다. 아브라함의 죽음 때문에 하나님의 나라가 무너지지 않았습니다. 하나님의 나라는 하나님께서 주도적으로 세우시는 나라이기 때문입니다. 우리는 하나님의 백성입니다. 우리는 하나님이 왕으로 높임을 받으시는 나라를 세우기 위해서 최선을 다해야 합니다. 하지만 우리의 능력으로 하나님의 나라를 세울 수 있다고 생각해서는 안 됩니다. 하나님의 은혜 없이는 하나님의 나라를 세울 수 없습니다.

> 이삭이 그의 아내가 임신하지 못하므로
> 그를 위하여 여호와께 간구하매
> 여호와께서 그의 간구를 들으셨으므로
> 그의 아내 리브가가 임신하였더니 (25:21)

하나님은 아브라함의 후손이 하늘의 별처럼 많아질 것이라고 말씀하셨습니다. 그런데 아브라함의 아들인 이삭은 오랫동안 자손이 없었습니다. 이삭이 자손을 얻은 것은 그가 하나님께 기도한 다음입니다. 이처럼 하나님의 계획은 우리의 기도를 통해서 이루어집니다. 우리가 기도할 때 하나님의 뜻이 이루어집니다. 하나님은 기도하는 자들을 통해서 일하십니다.

묵상

하나님의 백성들은 죽음을 통과해서 어디로 갑니까?

_____

_____

_____

왜 아브라함은 자신의 무덤을 가나안에 마련했습니까?

_____

_____

_____

_____

기도

하나님. 세상 사람들은 죽음을 무서워합니다. 하지만 저희는 죽음을 무서워하지 않습니다. 죽음이 끝이 아니라 새로운 시작임을 믿기 때문입니다. 살아서도 하나님을 위해, 죽어서도 하나님을 위해 살게 해 주세요. 예수님의 이름으로 기도합니다. 아멘.

17주

애굽으로 내려가지 말고
내가 네게 지시하는 땅에 거주하라

창세기 26장 | 찬송가 304장. 그 크신 하나님의 사랑

> 아브라함 때에 첫 흉년이 들었더니
> 그 땅에 또 흉년이 들매 이삭이 그랄로 가서
> 블레셋 왕 아비멜렉에게 이르렀더니 (26:1)

가나안은 하나님께서 주신 약속의 땅입니다. 약속의 땅에도 흉년은 찾아왔습니다. 아브라함도 흉년을 겪었고, 이삭도 흉년을 겪었습니다. 이처럼 하나님의 백성들도 고난을 겪습니다. 고난은 하나님의 백성들을 피해 가지 않습니다. 하지만 하나님의 백성들과 세상 사람들 사이에는 큰 차이가 있습니다. 하나님의 백성들은 고난을 겪을

때 하나님의 도움을 구할 수 있습니다. 하나님의 백성들은 고난을 통해서 하나님과 더 가까워집니다. 하나님의 백성들에게 고난의 시간은 곧 은혜의 시간입니다.

> 여호와께서 이삭에게 나타나 이르시되
> 애굽으로 내려가지 말고
> 내가 네게 지시하는 땅에 거주하라 (26:2)

아마 이삭은 흉년 때문에 애굽으로 이주하려는 마음을 먹었던 것 같습니다. 살기 어려운 가나안을 떠나서 먹을 것이 많은 애굽으로 가려고 했던 것 같습니다. 그래서 하나님은 이삭을 찾아오셨습니다. 그리고 말씀하셨습니다. 애굽으로 가지 말고 가나안에 계속 남으라고 하셨습니다. 하나님은 이삭이 고난으로부터 도망가지 않고 고난을 이겨 내길 원하셨습니다. 우리도 마찬가지입니다. 우리에게 어려움과 문제가 찾아왔을 때, 우리가 가장 먼저 해야 하는 일은 하나님께 기도하는 것입니다. 하나님을 의지하고 하나님의 도움을 구하는 것입니다.

> 이삭이 그랄에 거주하였더니 그곳 사람들이 그의 아내에 대하여 물으매
> 그가 말하기를 그는 내 누이라 하였으니 리브가는 보기에 아리따우므로
> 그곳 백성이 리브가로 말미암아 자기를 죽일까 하여
> 그는 내 아내라 하기를 두려워함이었더라 (26:6-7)

이삭은 자신의 아내를 여동생이라고 거짓말했습니다. 블레셋 사람들이 무서웠기 때문입니다. 블레셋 사람들이 이삭을 죽이고, 아내를 빼앗아 갈 것이 두려웠기 때문입니다. 우리도 이삭처럼 거짓말로

문제를 해결하려고 할 때가 많습니다. 그것은 하나님의 뜻이 아닙니다. 우리는 하나님께 기도하는 것으로 문제를 해결해야 합니다. 하나님의 도움으로 어려움을 극복해야 합니다. 거짓말로는 문제를 해결할 수 없습니다. 거짓말은 또 다른 문제를 가져옵니다.

> 아비멜렉이 이에 모든 백성에게 명하여 이르되
> 이 사람이나 그의 아내를 범하는 자는
> 죽이리라 하였더라 (26:11)

블레셋 왕은 이삭과 리브가가 부부라는 사실을 알게 되었습니다. 블레셋 왕은 이삭을 책망했습니다. 이삭의 거짓말을 꾸짖었습니다. 그리고 이삭과 리브가를 보호해 주었습니다. 왜 블레셋 왕이 이삭의 가정을 보호해 주었을까요? 하나님께서 블레셋 왕의 마음을 움직이셨기 때문입니다. 하나님은 블레셋 왕을 통해 이삭의 가정을 보호하셨습니다. 따라서 이삭은 거짓말을 할 필요가 없었습니다. 하나님은 어떤 상황에서도 이삭을 보호하실 수 있었습니다.

묵상

왜 우리는 고난의 시간이 은혜의 시간이라고 말합니까?

_____

_____

왜 하나님은 이삭에게 애굽으로 가지 말라고 하셨습니까?

_____

_____

하나님은 어떤 사람을 통해 이삭을 보호하셨습니까?

_____

_____

기도

하나님. 하나님의 백성들도 고난을 겪습니다. 저희도 고난을 겪을 수 있습니다. 하지만 저희가 고난을 겪을 때, 하나님의 방법대로 고난을 이겨 내게 해 주세요. 하나님께 기도하는 것으로 고난을 극복하게 해 주세요. 그리하여 고난의 시간에 하나님과 더욱 가까워지게 해 주세요. 예수님의 이름으로 기도합니다. 아멘.

18주

이삭이 나이가 많아
눈이 어두워 잘 보지 못하더니

창세기 27장 | 찬송가 310장. 아 하나님의 은혜로

> 이삭이 나이가 많아 눈이 어두워
> 잘 보지 못하더니 맏아들 에서를 불러 이르되 …
> 내가 죽기 전에 내 마음껏 네게 축복하게 하라 (27:1-4)

하나님은 이삭에게 두 명의 아들을 주셨습니다. 첫째 아들은 에서이고, 둘째 아들은 야곱입니다. 고대에는 첫째 아들이 아버지의 후계자가 되었습니다. 첫째 아들이 아버지를 이어서 가문의 지도자가 되었습니다. 하지만 하나님은 첫째 아들 에서가 아니라 둘째 아들 야곱이 이삭의 후계자가 되어야 한다고 말씀하셨습니다(창 25:23). 따라서 이삭은 에서가 아니라 야곱을 축복해야 했습니다. 야곱에게 후계자의 자리를 물려주어야 했습니다. 그런데 이삭은 하나님의 말씀을 중요하게 생각하지 않았습니다. 이삭은 둘째 아들 야곱이 아니라, 첫째 아들 에서에게 후계자의 자리를 물려주려고 했습니다.

> 리브가가 그의 아들 야곱에게 말하여 이르되
> 네 아버지가 네 형 에서에게
> 말씀하시는 것을 내가 들으니 (27:6-7)

리브가는 이삭이 말하는 것을 곁에서 들었습니다. 이삭이 에서를 후계자로 세우려는 것을 알게 되었습니다. 그러나 리브가는 하나님께서 에서가 아니라 야곱을 선택하신 것을 알고 있었습니다. 그래서 리브가는 야곱을 에서처럼 변장시켰습니다. 남편을 속이기 위해서입니다. 리브가의 행동은 올바르지 않습니다. 목적이 선하다면 목적을 이루는 방법도 선해야 하기 때문입니다. 목적이 선해도 방법이 선하지 않다면 하나님께서 기뻐하지 않으십니다.

> 야곱이 아버지에게 대답하되
> 나는 아버지의 맏아들 에서로소이다 (27:19)

야곱은 아버지에게 거짓말했습니다. 야곱은 형 에서처럼 변장하고서 아버지를 속였습니다. 결국 야곱은 아버지의 축복을 받는 데 성공했습니다. 야곱은 아버지를 이어서 가문의 후계자가 되는 데 성공했습니다. 하지만 야곱이 아버지를 속인 대가는 작지 않았습니다. 동생에게 속은 것을 알게 된 에서는 야곱을 죽이려고 했습니다. 이처럼 거짓말은 문제를 해결해 주지 않습니다. 거짓말은 또 다른 문제를 가져옵니다.

> 내 아들아 내 말을 따라 일어나 하란으로 가서
> 내 오라버니 라반에게로 피신하여
> 네 형의 노가 풀리기까지 몇 날 동안
> 그와 함께 거주하라 (27:43-44)

이삭은 하나님의 뜻을 어기고 에서를 축복하려고 했습니다. 리브가는 거짓말로 남편을 속여 에서가 받을 축복을 야곱이 받게 했습니다. 야곱도 아버지와 형을 속였습니다. 그 사실을 알고 에서는 동생을 죽이려고 했습니다. 이처럼 이삭의 가정은 혼돈 그 자체였습니다. 이 혼돈의 근본적인 책임은 이삭에게 있었습니다. 이삭은 하나님이 정하신 후계자가 야곱이라는 것을 에서에게 가르쳐야 했습니다. 하나님의 뜻대로 야곱을 후계자로 세워야 했습니다. 이삭이 하나님의 말씀대로 살지 않은 결과, 모든 가족이 고통을 겪었습니다. 특히 야곱은 가족을 떠나 20년 가까이 삼촌 집에서 살아야 하는 고통을 겪었습니다.

묵상

하나님께서 정하신 이삭의 후계자는 누구입니까?

_____

_____

왜 리브가의 행동은 올바르지 않습니까?

_____

_____

이삭의 가정이 혼란을 겪은 책임은 누구에게 있습니까?

_____

_____

기도

하나님. 이삭의 가정은 큰 혼란을 겪었습니다. 가족끼리 속이며, 형제끼리 죽이려고 하는 어려움을 겪었습니다. 그 이유는 이삭이 하나님의 말씀대로 가정을 다스리지 않았기 때문입니다. 저희 가정은 하나님의 말씀대로 살게 해 주세요. 하나님의 말씀이 저희 가정의 원칙이 되게 해 주세요. 예수님의 이름으로 기도합니다. 아멘.

내가 너와 함께 있어
네가 어디로 가든지 너를 지키며

창세기 28장 | 찬송가 314장. 내 구주 예수를 더욱 사랑

야곱이 브엘세바에서 떠나
하란으로 향하여 가더니 …
꿈에 본즉 사닥다리가 땅 위에 서 있는데
그 꼭대기가 하늘에 닿았고 또 본즉
하나님의 사자들이 그 위에서
오르락내리락하고 (28:10-12)

야곱은 고향을 떠나 하란을 향해 갔습니다. 생전 처음 부모 곁을 떠난 야곱은 몹시 두려웠습니다. 두려워하던 야곱에게 하나님은 사다리 환상을 보여 주셨습니다. 야곱은 하늘로 연결된 사다리로 천사들

이 오가는 것을 보았습니다. 야곱은 이 환상을 통해 자신이 혼자가 아님을 알게 되었습니다. 하나님과 천사들이 야곱과 함께한다는 것을 알게 되었습니다. 하나님의 백성들은 혼자가 아닙니다. 하나님은 언제나 우리와 함께하십니다. 하나님은 한순간도 우리를 혼자 내버려 두지 않으십니다.

> 내가 너와 함께 있어 네가 어디로 가든지
>
> 너를 지키며 너를 이끌어 이 땅으로 돌아오게 할지라
>
> 내가 네게 허락한 것을 다 이루기까지
>
> 너를 떠나지 아니하리라 하신지라
>
> 야곱이 잠이 깨어 이르되 여호와께서
>
> 과연 여기 계시거늘 내가 알지 못하였도다 (28:15-16)

하나님은 야곱에게 말씀하셨습니다. 야곱이 어디로 가든지 야곱과 함께하신다고 말씀하셨습니다. 야곱을 지키시고, 야곱이 다시 고향으로 돌아오게 하신다고 약속하셨습니다. 지금까지 야곱은 하나님께서 자신과 함께하신다는 사실을 알지 못했습니다. 야곱이 속임수로 문제를 해결했던 것은 하나님께서 함께하신다는 사실을 몰랐기 때문입니다. 우리도 마찬가지입니다. 우리는 속임수를 사용하지 말아야 합니다. 불법을 행하는 대신 하나님의 도움을 구해야 합니다. 우리와 함께하시는 하나님께 기도해야 합니다.

> 내가 평안히 아버지 집으로 돌아가게 하시오면
>
> 여호와께서 나의 하나님이 되실 것이요
>
> 내가 기둥으로 세운 이 돌이 하나님의 집이 될 것이요
>
> 하나님께서 내게 주신 모든 것에서 십분의 일을
>
> 내가 반드시 하나님께 드리겠나이다 하였더라 (28:21-22)

야곱은 하나님께 맹세했습니다. 하나님이 자신을 고향으로 돌아오게 하시면, 하나님의 집을 짓겠다고 맹세했습니다. 야곱이 하나님의 집을 짓겠다고 맹세한 장소는 벧엘입니다. 하지만 야곱이 20년 후 고향으로 돌아왔을 때, 야곱은 벧엘에 하나님의 집을 짓지 않았습니다. 하나님께 맹세한 것을 까맣게 잊고 있었던 것입니다. 차라리 하나님께 맹세하지 않는 편이 더 나을 뻔했습니다. 이처럼 우리는 하나님께 아무 말이나 하지 말아야 합니다. 하나님 앞에서 말을 조심해야 합니다. "너는 하나님 앞에서 함부로 입을 열지 말며 급한 마음으로 말을 내지 말라 하나님은 하늘에 계시고 너는 땅에 있음이니라 그런즉 마땅히 말을 적게 할 것이라"(전 5:2).

묵상

야곱은 사다리 환상을 통해 어떤 사실을 알게 되었습니까?

_____

_____

_____

_____

왜 야곱은 속임수로 문제를 해결하려고 했습니까?

_____

_____

_____

_____

기도

하나님. 야곱의 마음에 두려움이 있었던 것처럼 저희의 마음에도 두려움이 있습니다. 야곱이 자주 속임수를 사용했던 것처럼 저희도 자주 속임수를 사용합니다. 하나님이 저희와 함께하심을 믿게 해 주세요. 두려워하지 않고 하나님을 의지하게 해 주세요. 예수님의 이름으로 기도합니다. 아멘.

20주

그의 딸 라헬이 지금 양을 몰고 오느니라

창세기 29장 | 찬송가 320장. 나의 죄를 정케 하사

> 야곱이 그들에게 이르되 내 형제여 어디서 왔느냐
>
> 그들이 이르되 하란에서 왔노라 야곱이 그들에게 이르되
>
> 너희가 나홀의 손자 라반을 아느냐
>
> 그들이 이르되 아노라 야곱이 그들에게 이르되
>
> 그가 평안하냐 이르되 평안하니라
>
> 그의 딸 라헬이 지금 양을 몰고 오느니라 (29:4-6)

야곱은 '우연히' 목자들을 만났습니다. 목자들은 '우연히' 야곱의 삼촌 라반을 알고 있었습니다. 바로 그때 '우연히' 라반의 딸들이 우물가로 오고 있었습니다. 모든 것이 우연처럼 보였지만, 사실 이 모든

일은 우연이 아니었습니다. 하나님은 야곱을 안전하게 지켜 주신다고 약속하셨습니다. 하나님은 야곱을 고향으로 돌려보내신다고 약속하셨습니다. 야곱에게 일어난 일은 하나님께서 약속을 지키신 결과였습니다.

> 라반이 야곱에게 이르되 네가 비록 내 생질이나
> 어찌 그저 내 일을 하겠느냐
> 네 품삯을 어떻게 할지 내게 말하라 (29:15)

야곱은 하나님의 은혜로 무사히 라반의 집에 도착했습니다. 라반은 야곱이 자신의 집에 머무르도록 해 주었습니다. 하지만 라반은 매우 교활한 사람이었습니다. 라반은 야곱에게 품삯을 스스로 정하라고 했습니다. 이는 야곱을 속이기 위한 라반의 계략이었습니다.

> 야곱이 라헬을 더 사랑하므로 대답하되
> 내가 외삼촌의 작은 딸 라헬을 위하여
> 외삼촌에게 칠 년을 섬기리이다 (29:18)

고대에는 남자가 여자와 결혼하기 위해 여자의 아버지에게 돈을 주곤 했습니다. 이것을 '지참금'이라고 합니다. 야곱은 라헬과 결혼하고 싶었지만, 라반에게 줄 지참금이 없었습니다. 그래서 야곱은 7년 동안 대가 없이 라반을 위해 일하겠다고 했습니다. 이때까지도 야곱은 라반이 자신을 속이려고 한다는 사실을 몰랐습니다.

> 야곱이 아침에 보니 레아라 라반에게 이르되
>
> 외삼촌이 어찌하여 내게 이같이 행하셨나이까
>
> 내가 라헬을 위하여 외삼촌을 섬기지 아니하였나이까
>
> 외삼촌이 나를 속이심은 어찌 됨이니이까 (29:25)

야곱은 라헬과 결혼하기 위해서 7년 동안 대가 없이 일했습니다. 이제 7년이 지났습니다. 야곱은 결혼식을 치렀습니다. 그런데 다음 날 보니 야곱이 결혼한 사람은 라헬이 아니었습니다. 라헬의 언니 레아였습니다. 아마 당시 야곱은 술에 취해서 사람을 분간하지 못했던 것 같습니다. 결국 야곱은 라헬과 결혼하기 위해서 7년을 더 일하게 됩니다. 모두 더해서 14년 동안을 대가 없이 일하게 된 것입니다. 사실 이것은 하나님의 섭리였습니다. 섭리란 하나님께서 우리 삶에 간섭하시는 것을 말합니다. 하나님은 야곱이 라반에게 속임을 당하게 하심으로써, 지금까지 야곱이 다른 사람을 속인 것에 대하여 벌하셨습니다. 그리고 다른 사람을 속이는 것이 잘못된 행동이라는 것을 깨닫게 하셨습니다.

묵상

야곱이 우연히 라반의 딸들을 만난 이유는 무엇입니까?

_____

_____

_____

_____

왜 하나님은 야곱이 라반에게 속임을 당하도록
섭리하셨습니까?

_____

_____

_____

_____

기도

하나님. 하나님은 라반을 통해 야곱을 훈련하셨습니다. 그리
하여 야곱이 하나님의 사람으로 성장하게 하셨습니다. 저희도
하나님의 훈련을 잘 받게 해 주세요. 하나님의 훈련을 통해, 하
나님의 사람으로 성장하게 해 주세요. 예수님의 이름으로 기
도합니다. 아멘.

21주

여호와께서 야곱에게 이르시되
네 조상의 땅 네 족속에게로 돌아가라

창세기 31장 | 찬송가 337장. 내 모든 시험 무거운 짐을

> 여호와께서 야곱에게 이르시되
> 네 조상의 땅 네 족속에게로 돌아가라
> 내가 너와 함께 있으리라 하신지라 (31:3)

야곱이 라반의 집에서 머문 지 20년이 지났습니다. 하나님은 야곱에게 고향으로 돌아갈 때가 되었다고 말씀하셨습니다. 하나님은 야곱이 고향으로 안전하게 돌아갈 수 있도록 야곱과 함께하신다고 말씀하셨습니다. 하나님은 20년 전 벧엘에서 하신 말씀을 잊지 않고 계셨습니다. 하나님은 야곱과 맺은 약속을 성취하기 시작하셨습니다.

> 그대들의 아버지가 나를 속여
>
> 품삯을 열 번이나 변경하였느니라
>
> 그러나 하나님이 그를 막으사
>
> 나를 해치지 못하게 하셨으며 (31:7)

라반은 여러 차례 야곱을 속였습니다. 심지어 라반은 야곱을 죽이려고까지 했습니다. 하지만 라반은 야곱을 막을 수 없었고, 야곱을 죽일 수도 없었습니다. 하나님께서 야곱과 함께하셨기 때문입니다. 우리는 세상에서 여러 가지 어려움을 겪습니다. 세상 사람들은 우리를 속이거나, 우리에게 해로운 행동을 하기도 합니다. 우리는 그때마다 하나님을 바라보아야 합니다. 그러면 야곱을 도와주신 하나님께서 우리도 도와주실 것입니다.

> 하나님이 우리 아버지에게서 취하여 가신 재물은
>
> 우리와 우리 자식의 것이니 이제 하나님이
>
> 당신에게 이르신 일을 다 준행하라 (31:16)

야곱의 아내들은 하나님께서 하신 일을 보았습니다. 하나님께서 야곱을 보호하신 것을 보았고, 하나님께서 야곱에게 많은 양과 염소를 주신 것을 보았습니다. 야곱의 아내들은 이 과정을 통해 하나님을 믿게 되었습니다. 그리고 아버지의 집을 떠나 가나안으로 갈 마음을 먹게 되었습니다.

라헬은 라반을 떠나면서 아버지의 드라빔을 도둑질했습니다. 드라빔은 라반이 신으로 섬겼던 우상입니다. 라헬은 드라빔이 자신을 지켜 준다고 생각했던 것 같습니다. 드라빔이 있어야 자신이 안전하다고 생각했던 것 같습니다. 라헬은 하나님께서 야곱과 함께하시는 것을 보았으면서도, 우상에 대한 미련을 버리지 못했습니다. 현대인들의 우상은 돈입니다. 사람들은 돈이 자신의 인생을 지켜 준다고 생각합니다. 물론 돈은 중요합니다. 돈은 현대인의 삶에 필수적입니다. 하지만 돈은 하나님께서 사용하시는 도구일 뿐입니다. 우리는 하나님보다 돈을 더 좋아해서는 안 됩니다. 하나님보다 돈을 더 중요하게 생각해서는 안 됩니다.

묵상

왜 라반은 야곱을 해치지 못했습니까?

_____

_____

왜 야곱의 아내들은 하란을 떠나서
가나안에 가기로 결심했습니까?

_____

_____

왜 라헬은 드라빔을 도둑질했습니까?

_____

_____

기도

하나님. 라반은 야곱을 해치려고 했습니다. 하지만 라반은 야
곱을 해칠 수 없었습니다. 하나님께서 야곱을 보호하셨기 때
문입니다. 야곱을 보호하신 하나님께서 저희 가정도 보호하실
것을 믿습니다. 우리를 보호하시는 하나님을 무엇보다 중요하
게 여기고, 누구보다 사랑하게 해 주세요. 예수님의 이름으로
기도합니다. 아멘.

22주

야곱이 길을 가는데
하나님의 사자들이 그를 만난지라

창세기 32장 | 찬송가 365장. 마음속에 근심 있는 사람

> 야곱이 길을 가는데 하나님의 사자들이 그를 만난지라
> 야곱이 그들을 볼 때에 이르기를 이는 하나님의 군대라 하고
> 그 땅 이름을 마하나임이라 하였더라 (32:1-2)

고향으로 돌아가는 야곱의 마음에는 두려움이 가득했습니다. 에서 때문입니다. 에서는 야곱을 죽이려고 했었습니다. 만약 에서가 아직도 야곱을 용서하지 않았다면, 야곱은 에서의 손에 죽을 수도 있었습니다. 바로 그때 하나님은 야곱에게 천사를 보여 주셨습니다. 천사들은 하나님의 군대입니다. 이로써 야곱은 큰 깨달음을 얻었습

니다. 하나님의 군대가 자신과 함께한다는 사실을, 힘들고 어려울 때는 하나님의 도움을 구할 수 있다는 사실을 알게 되었습니다.

> 사자들이 야곱에게 돌아와 이르되
> 우리가 주인의 형 에서에게 이른즉
> 그가 사백 명을 거느리고
> 주인을 만나려고 오더이다 (32:6)

야곱이 걱정했던 일이 벌어졌습니다. 야곱을 용서하지 않은 에서가 400명이나 되는 사람들과 함께 야곱을 찾아오고 있었습니다. 400명은 야곱을 환영하는 수가 아닙니다. 400명은 필시 군대의 수입니다. 하지만 야곱은 알고 있었습니다. 자신이 혼자가 아니라는 사실을 말입니다.

> 야곱이 또 이르되 내 조부 아브라함의 하나님,
> 내 아버지 이삭의 하나님 여호와여
> 주께서 전에 내게 명하시기를 네 고향, 네 족속에게로 돌아가라
> 내가 네게 은혜를 베풀리라 하셨나이다 (32:9)

야곱은 자신이 혼자가 아니라는 사실을 알았습니다. 하나님께서 자신과 함께하신다는 사실을 알았습니다. 그래서 야곱은 기도를 시작했습니다. 하나님의 도움을 구했습니다. 하나님께서 은혜 베풀어 주시기를 요청했습니다. 우리도 혼자가 아닙니다. 하나님은 항상 우리 곁에 계십니다. 하나님은 온 세상에 충만하십니다. 하나님은 언제나 우리와 함께하시고, 우리는 어디서든 하나님께 기도할 수 있습니다.

> 야곱은 홀로 남았더니 어떤 사람이 날이 새도록
> 야곱과 씨름하다가 그가 이르되
> 날이 새려하니 나로 가게 하라 야곱이 이르되
> 당신이 내게 축복하지 아니하면
> 가게 하지 아니하겠나이다 (32:24-26)

야곱은 어떤 사람을 붙잡고 놓아주지 않았습니다. 야곱이 그 사람을 놓아주지 않은 이유는, 그 사람이 사실은 하나님이라는 사실을 알았기 때문입니다(28절). 그래서 야곱은 자신을 축복하지 않으면, 절대 놓아주지 않겠다고 했습니다. 이처럼 야곱은 이전과는 다른 사람이 되었습니다. 지금까지 야곱은 속임수로 문제를 해결하는 사람이었습니다. 하지만 이제는 하나님을 의지하는 사람으로 변화되었습니다.

묵상

왜 고향으로 돌아가는 야곱의 마음에
두려움이 가득했습니까?

_____

_____

_____

_____

왜 야곱은 어떤 사람을 붙잡고 놓아주지 않았습니까?

_____

_____

_____

_____

기도

하나님. 이 세상에 하나님을 대신할 수 있는 것은 아무것도 없
습니다. 하나님만이 우리의 힘이고, 하나님만이 우리의 능력
입니다. 힘들고 어려운 순간마다 하나님을 의지하고, 하나님
을 바라보는 저희 가정이 되게 해 주세요. 예수님의 이름으로
기도합니다. 아멘.

23주

에서가 사백 명의 장정을
거느리고 오고 있는지라

창세기 33장 | 찬송가 384장. 나의 갈 길 다가도록

> 야곱이 눈을 들어 보니
> 에서가 사백 명의 장정을 거느리고 오고 있는지라 …
> 자기는 그들 앞에서 나아가되 몸을 일곱 번 땅에 굽히며
> 그의 형 에서에게 가까이 가니 (33:1-3)

지난밤 야곱은 하나님의 축복을 받았습니다(32:29). 이제 야곱은 하나님께서 자신과 함께하신다는 사실과 하나님께서 자신을 도와주신다는 사실을 확신하게 되었습니다. 야곱은 더 이상 에서가 두렵지 않았습니다. 에서가 거느리고 있는 400명의 군대도 무섭지 않았

습니다. 야곱은 모든 가족을 뒤로한 채, 앞장서서 에서를 맞이했습니다.

> 에서가 달려와서 그를 맞이하여 안고
> 목을 어긋맞추어 그와 입 맞추고 서로 우니라 (33:4)

상상도 못 했던 사건이 발생했습니다. 에서는 야곱을 안고 눈물을 흘렸습니다. 에서는 야곱을 반갑게 맞아 주었습니다. 어떻게 이런 일이 가능했을까요? 하나님께서 에서의 마음을 바꾸어 주셨기 때문입니다. 원래 에서는 야곱을 죽이려고 했습니다. 400명이나 되는 군대를 이끌고 야곱을 찾아온 것이 그 증거입니다. 하지만 하나님은 야곱의 기도를 들으셨습니다. 야곱이 간절히 간구하는 소리를 들으셨습니다. 그 기도에 응답하셨습니다. 하나님은 야곱의 기도를 들으시고 에서의 마음을 바꾸어 주셨습니다.

> 에서가 이르되 우리가 떠나자 내가 너와 동행하리라 …
> 청하건대 내 주는 종보다 앞서 가소서
> 나는 앞에 가는 가축과 자식들의 걸음대로 천천히 인도하여
> 세일로 가서 내 주께 나아가리이다 (33:12-14)

에서는 야곱에게 함께 가자고 말했습니다. 이에 야곱은 형이 먼저 가면 자신은 뒤따라가겠다고 대답했습니다. 야곱의 말은 거짓말이었습니다. 이후에 야곱은 형이 있는 세일로 가지 않고 숙곳으로 갔습니다(17절). 왜 야곱은 형에게 거짓말을 했을까요? 형이 두려웠기 때문입니다. 형이 자신을 속일지도 모른다고 생각했기 때문입니다. 아직도 야곱은 하나님의 도움을 완전히 신뢰하지 않고 있었습니다.

> 야곱은 숙곳에 이르러 자기를 위하여 집을 짓고
> 그의 가축을 위하여 우릿간을 지었으므로
> 그 땅 이름을 숙곳이라 부르더라 (33:17)

야곱이 고향으로 돌아와서 처음으로 정착한 곳은 숙곳입니다. 야곱은 그곳에 집과 외양간을 지었습니다. 하지만 야곱은 숙곳이 아니라 벧엘로 갔어야 합니다. 20년 전에, 야곱은 고향으로 돌아오면 벧엘에 하나님의 집을 짓겠다고 서원했기 때문입니다(창 28:19-22). 이후에 야곱은 하나님과 맺은 약속을 어긴 대가를 톡톡히 치르게 됩니다.

묵상

야곱이 앞장서서 에서를 맞이할 수 있었던
근거는 무엇입니까?

_____

_____

에서의 마음이 변화된 이유는 무엇입니까?

_____

_____

원래 야곱은 숙곳이 아니라 어디로 가야 합니까?

_____

_____

기도

하나님. 하나님은 야곱의 기도를 들어주셨습니다. 하나님은
에서의 마음을 바꾸어 주셨습니다. 저희 가정도 하나님께 기
도하는 가정이 되게 해 주세요. 하나님을 신뢰하고 의지하며,
기도로 어려움을 극복하는 가정이 되게 해 주세요. 예수님의
이름으로 기도합니다. 아멘.

24주

하나님께 거기서 제단을 쌓으라

창세기 35장 | 찬송가 405장. 주의 친절한 팔에 안기세

> 하나님이 야곱에게 이르시되
> 일어나 벧엘로 올라가서 거기 거주하며
> 네가 네 형 에서의 낯을 피하여 도망하던 때에
> 네게 나타났던 하나님께 거기서
> 제단을 쌓으라 하신지라 (35:1)

야곱은 세겜 지방에서 살고 있었습니다. 그런데 세겜 사람들과 야
곱의 아들들 사이에 큰 다툼이 일어났습니다. 급기야 야곱의 아들
들은 세겜 사람들을 죽이고, 그들의 재산을 훔치기까지 했습니다.
만약 이 사실이 알려지면 야곱의 가족들은 무사하지 못할 것이 분명했습니다. 나그네에 불과한 야곱 가족이 가나안 원주민들을 해쳤기 때문입니다. 바로 그때 하나님께서 야곱에게 세겜을 떠나서 벧엘로 가라고 말씀하셨습니다. 20년 전 하나님과 맺은 약속을 지키라고 말입니다.

> 야곱이 이에 자기 집안 사람과
> 자기와 함께 한 모든 자에게 이르되
> 너희 중에 있는 이방 신상들을 버리고
> 자신을 정결하게 하고
> 너희들의 의복을 바꾸어 입으라 (35:2)

하나님의 말씀을 들은 야곱은 벧엘로 떠날 준비를 했습니다. 이때 야곱은 가족들에게 우상을 버리라고 명령했습니다. 야곱의 가정이 우상을 숭배하고 있었다는 것입니다. 왜 야곱의 가족들은 하나님을 떠나서 우상을 숭배했을까요? 야곱 때문입니다. 야곱은 하나님과 맺은 약속을 지키지 않았습니다. 야곱은 하나님과 상관없이 살았습니다. 그러자 야곱의 가족들도 하나님과 상관없이 살기 시작했던 것입니다.

> 그들이 떠났으나 하나님이 그 사면 고을들로
> 크게 두려워하게 하셨으므로
> 야곱의 아들들을 추격하는 자가 없었더라 (35:5)

야곱의 아들들은 가나안의 원주민들을 죽였습니다. 이제 가나안 원주민들이 야곱의 아들들을 공격할 차례입니다. 하지만 아무도 야곱의 아들들을 공격하지 못했습니다. 하나님께서 가나안 원주민들에게 큰 두려움을 주셨기 때문입니다. 야곱의 가족들은 우상이 자신들을 지켜 준다고 생각했을 것입니다. 그래서 우상을 숭배했을 것입니다. 하지만 야곱의 가족을 지켜 준 것은 우상이 아니었습니다. 하나님께서 보이지 않는 곳에서 야곱의 가족들을 지켜 주고 계셨습니다.

> 야곱이 밧단아람에서 돌아오매
> 하나님이 다시 야곱에게 나타나사
> 그에게 복을 주시고 (35:9)

드디어 야곱은 하나님께 한 약속을 지켰습니다. 야곱은 하나님께 약속한 대로 벧엘에 제단을 쌓았습니다. 그러자 하나님이 야곱에게 나타나셨습니다. 이전처럼 책망하기 위해서 나타나신 것이 아니라, 복을 주기 위해서 나타나셨습니다. 야곱이 하나님께 불순종하던 동안에, 야곱은 여러 가지 어려움을 겪었습니다. 세겜 사람들이 다툰 것이 대표적입니다. 하지만 야곱이 하나님께 돌아가자, 야곱은 하나님께 복을 받았습니다. 우리도 어서 빨리 하나님께 돌아가야 합니다. 하나님을 우리 삶의 주인으로 모셔야 합니다. 하나님의 말씀에 순종하는 삶을 살아야 합니다. 그러면 하나님의 복이 우리 가정에 가득하게 될 것입니다.

묵상

왜 야곱의 가족들은 우상을 숭배했습니까?

_____

_____

_____

_____

왜 가나안 사람들은 야곱의 가족을 공격하지 못했습니까?

_____

_____

_____

_____

기도

은혜로우신 하나님. 하나님은 야곱의 가족을 지켜 주셨습니다. 야곱의 가족을 가나안 사람들로부터 지켜 주셨습니다. 그러니 저희 가정도 지켜 주세요. 세상의 유혹으로부터, 그리고 세상의 공격으로부터 저희 가정을 지켜 주세요. 하나님 안에서 안전한 삶을 살게 해 주세요. 예수님의 이름으로 기도합니다. 아멘.

요셉이 꿈을 꾸고 자기 형들에게 말하매

창세기 37장 | 찬송가 406장. 곤한 내 영혼 편히 쉴 곳과

> 야곱의 족보는 이러하니라 요셉이 십칠 세의 소년으로서
> 그의 형들과 함께 양을 칠 때에 그의 아버지의 아내들
> 빌하와 실바의 아들들과 더불어 함께 있었더니
> 그가 그들의 잘못을 아버지에게 말하더라 (37:2)

야곱은 열두 아들과 함께 가나안에서 살고 있었습니다. 열두 아들 중에서 야곱이 가장 사랑한 아들은 요셉이었습니다. 야곱이 요셉을 사랑한 이유는 두 가지입니다. 첫째, 요셉은 라헬의 아들이기 때문입니다. 야곱에게는 네 명의 아내가 있었는데, 그중에서 야곱이 가장 사랑한 아내는 라헬이었습니다. 둘째, 요셉이 열두 아들 중 가장

거룩한 사람이었기 때문입니다. 요셉은 형들의 잘못을 아버지에게 알려줄 정도로, 형들과 달리 거룩하게 구별된 사람이었습니다.

> 요셉이 꿈을 꾸고 자기 형들에게 말하매
> 그들이 그를 더욱 미워하였더라 (37:5)

하나님은 구약 시대에 꿈을 통해 하나님의 뜻을 알려 주셨습니다. 요셉의 꿈도 마찬가지입니다. 요셉의 꿈은 평범한 꿈이 아니라, 하나님의 계시였습니다. 요셉의 꿈은 형들이 요셉에게 절하는 내용이었습니다. 이것은 앞으로 요셉이 높은 자리에 오르게 될 것을 의미했습니다. 하지만 요셉의 형들은 기분 나빠할 뿐이었습니다. 형들은 오히려 요셉을 더욱 미워했습니다.

> 이스라엘이 요셉에게 이르되
> 네 형들이 세겜에서 양을 치지 아니하느냐
> 너를 그들에게로 보내리라
> 요셉이 아버지에게 대답하되
> 내가 그리하겠나이다 (37:13)

야곱은 요셉에게 세겜에 있는 형들을 만나고 오라고 명령했습니다. 이것은 쉬운 일이 아니었습니다. 세겜으로 가는 동안 짐승을 만날 수도 있었고, 도적을 만날 수도 있었기 때문입니다. 뿐만 아니라 아버지가 없는 곳에서 형들을 만나는 것은 매우 위험한 일이었습니다. 형들이 요셉을 미워했기 때문에, 형들에게 어떤 일을 당하는지 알 수 없었습니다. 하지만 요셉은 거룩한 사람이었습니다. 요셉은 아버지의 명령에 그대로 순종했습니다.

역시 요셉의 형들은 기회를 놓치지 않았습니다. 요셉의 형들은 아버지가 없는 틈을 타서 요셉을 죽이려고 했습니다. 그러다가 결국에는 요셉을 노예 상인에게 팔아 버렸습니다. 요셉은 하루아침에 사랑받는 아들에서 애굽의 노예로 전락하고 말았습니다. 그렇다면 하나님의 계획은 어떻게 되는 걸까요? 요셉이 높은 자리에 오르게 된다는 하나님의 말씀은 과연 어떻게 될까요? 형들의 방해에도 불구하고 하나님의 계획은 그대로 이루어지게 될 것입니다. 하나님의 뜻은 어떤 일이 있어도 취소되지 않습니다. 하나님께서 뜻하신 일은 반드시 이루어집니다.

묵상

왜 야곱은 요셉을 가장 사랑했습니까?

_____

_____

_____

_____

요셉의 형들로 인해 하나님의 계획은 실패하게 됩니까?

_____

_____

_____

_____

기도

하나님. 요셉의 형들은 요셉을 시기하고 미워했습니다. 그들처럼 저희도 누군가를 미워하고 시기할 때가 많이 있습니다. 저희를 용서해 주시고, 저희 가정 모두가 이웃을 더욱 사랑하게 해 주세요. 이웃을 시기하거나 질투하지 않게 해 주세요. 예수님의 이름으로 기도합니다. 아멘.

26주

여호와께서 요셉과 함께 하시므로
그가 형통한 자가 되어

창세기 39장 | 찬송가 412장. 내 영혼의 그윽히 깊은 데서

요셉이 이끌려 애굽에 내려가매

바로의 신하 친위대장 애굽 사람 보디발이

그를 그리로 데려간 이스마엘 사람의 손에서 요셉을 사니라

여호와께서 요셉과 함께하시므로

그가 형통한 자가 되어 그의 주인 애굽 사람의 집에 있으니 (39:1-2)

요셉은 형제들에게 버림을 받았습니다. 사랑하는 부모와 생이별을 했습니다. 그리고 애굽의 노예가 되었습니다. 하지만 하나님은 여전히 요셉과 함께해 주셨습니다. 하나님은 애굽에서도 요셉에게 복

을 주셨습니다. 하나님 때문에 요셉은 애굽에서도 형통한 사람이 되었습니다.

> 그의 주인이 여호와께서 그와 함께하심을 보며
> 또 여호와께서 그의 범사에 형통하게 하심을 보았더라
> 요셉이 그의 주인에게 은혜를 입어 섬기매
> 그가 요셉을 가정 총무로 삼고 자기의 소유를
> 다 그의 손에 위탁하니 (39:3-4)

보디발은 요셉의 주인이었습니다. 보디발은 하나님이 요셉과 함께하시는 것을 보았습니다. 하나님께서 요셉을 보호하시는 것을 보았습니다. 그래서 보디발은 요셉을 가정 총무로 삼았습니다. 요셉은 보디발의 재산을 관리하는 사람이 되었습니다. 이것은 하나님의 계획이 이루어지는 과정이었습니다. 하나님은 요셉을 애굽의 지도자로 세우려는 계획을 가지고 계셨습니다. 그 계획을 이루기 위해 요셉을 애굽으로 보내셨고, 요셉을 보디발의 가정 총무로 세우셨습니다. 우리 삶에서 우연히 일어나는 일은 없습니다. 우리가 우연이라고 생각하는 사건들 속에도 하나님의 뜻과 계획이 숨겨져 있습니다.

> 여인이 날마다 요셉에게 청하였으나 요셉이 듣지 아니하여
> 동침하지 아니할뿐더러 함께 있지도 아니하니라 (39:10)

보디발의 아내는 요셉을 유혹했습니다. 여러 차례 유혹했습니다. 하지만 요셉은 여주인의 유혹에 넘어가지 않았습니다. 단호하게 유혹을 뿌리쳤습니다. 하나님께 죄를 짓지 않기 위함이었습니다(9절). 바로 이것이 하나님께서 요셉을 사용하신 이유입니다. 하나님은 거

룩한 사람, 깨끗한 사람을 사용하십니다. 세상은 실력이 최고라고 생각합니다. 하지만 실력이 전부가 아닙니다. 우리는 먼저 거룩한 사람이 되어야 합니다. 하나님은 실력이 없는 사람을 사용하실 수 있습니다. 하지만 거룩하지 않은 사람은 사용하지 않으십니다.

> 이에 요셉의 주인이 그를 잡아 옥에 가두니
> 그 옥은 왕의 죄수를 가두는 곳이었더라
> 요셉이 옥에 갇혔으나 (39:20)

보디발의 아내는 요셉을 유혹했습니다. 하지만 그녀는 요셉이 자신을 유혹했다고 거짓말했습니다. 결국 요셉은 억울한 누명을 쓰고 감옥에 갇혔습니다. 하지만 이것조차 하나님의 섭리였습니다. 요셉이 갇힌 감옥은 "왕의 죄수"들이 갇히는 곳이었습니다. 요셉은 자신도 모르는 사이에, 감옥에서 애굽의 지도자로 훈련을 받았습니다.

묵상

요셉이 애굽에서도 형통한 사람이 된 이유는 무엇입니까?

_____

_____

왜 보디발은 요셉을 가정 총무로 삼았습니까?

_____

_____

하나님께서 요셉을 사용하신 이유는 무엇입니까?

_____

_____

기도

하나님. 요셉은 하루아침에 애굽의 노예가 되었습니다. 억울하고 고통스러운 상황에 이르게 되었습니다. 하지만 그것조차도 하나님의 뜻이었고, 하나님께서 계획하신 일이었습니다. 저희가 겪는 어려움에도 하나님의 뜻이 있음을 믿습니다. 잘 견디고 순종하여 하나님께서 인도하시는 길을 잘 걸어 나갈 수 있게 해 주세요. 예수님의 이름으로 기도합니다. 아멘.

술 맡은 관원장이 요셉을
기억하지 못하고 그를 잊었더라

창세기 40장 │ 찬송가 423장. 먹보다도 더 검은

> 그 후에 애굽 왕의 술 맡은 자와 떡 굽는 자가
> 그들의 주인 애굽 왕에게 범죄한지라 …
> 그들을 친위대장의 집 안에 있는 옥에 가두니
> 곧 요셉이 갇힌 곳이라 (40:1-3)

술 맡은 자와 빵 굽는 자가 왕에게 죄를 지었습니다. 고대에는 왕이 독이 든 음식을 먹고 죽는 경우가 많았습니다. 그래서 왕은 가장 가까운 사람에게 자신이 먹을 술과 빵을 맡겼습니다. 술 맡은 자와 빵 굽는 자는 오늘날로 치면 대통령 비서실장 정도 되는 사람들입니다.

그런데 그들이 갇힌 감옥은 바로 요셉이 갇혀 있던 감옥이었습니다. 요셉은 그들을 통해 애굽의 정치와 경제를 배울 수 있었습니다. 요셉에게서 감옥은 학교와 다름없었습니다. 이처럼 하나님께서 요셉을 감옥에 가두신 이유는 요셉을 장차 애굽의 지도자로 세우기 위함이었습니다. 우리도 요셉처럼 힘들고 어려운 일을 겪을 수 있습니다. 하나님은 이유 없는 고통을 주지 않으십니다. 우리가 겪는 고통에는 하나님의 놀라운 뜻이 있다는 사실을 믿어야 합니다.

> 아침에 요셉이 들어가 보니
> 그들에게 근심의 빛이 있는지라 (40:6)

요셉은 감옥에서 술 맡은 자와 빵 굽는 자를 섬겼습니다. 요셉은 이 일을 적당히 하지 않았습니다. 요셉은 최선을 다해서 두 사람을 섬겼습니다. 그래서 요셉은 두 사람의 표정이 다른 날과 다르다는 것을 바로 알아챌 수 있었습니다. 이처럼 요셉은 주어진 일에 성실한 사람이었습니다. 그래서 요셉은 하나님의 도구로 사용될 수 있었습니다. 지금도 하나님은 성실한 사람들을 통해서 일하십니다. 하나님께서 우리에게 맡기신 일은 무엇입니까? 하나님께서 지금 맡기신 일을 제대로 하지도 않으면서, 미래에 큰일을 맡기실 것이라고 생각해서는 안 됩니다.

> 그들이 그에게 이르되 우리가 꿈을 꾸었으나
> 이를 해석할 자가 없도다 요셉이 그들에게 이르되
> 해석은 하나님께 있지 아니하니이까
> 청하건대 내게 이르소서 (40:8)

술 맡은 자와 빵 굽는 자의 표정이 어두웠던 것은 두 사람이 꿈을 꾸었기 때문입니다. 꿈을 해석해 주는 사람이 없어서 근심하고 있었던 것입니다. 요셉은 그 순간이 하나님을 전할 수 있는 순간임을 알았습니다. 그래서 요셉은 그들에게 하나님께서 당신들의 꿈을 해석해 주실 것이라고 말했습니다. 이처럼 요셉은 기회만 생기면 하나님을 전하는 사람이었습니다. 우리는 어떻습니까? 우리는 하나님을 전하기 위해서, 하나님을 드러내기 위해서 최선을 다하고 있습니까? 우리가 사는 목적은 우리의 이름을 높이는 것이 아닙니다. 하나님의 이름을 높이고, 하나님의 이름을 드러내는 것이 우리가 사는 목적입니다.

> 술 맡은 관원장이 요셉을 기억하지 못하고 그를 잊었더라 (40:23)

요셉은 술 맡은 자의 꿈을 해석해 주었습니다. 요셉은 술 맡은 자가 곧 풀려날 것이라고 말해주었습니다. 그러면서 요셉은 술 맡은 자에게 자신을 기억해 달라고 부탁했습니다. 자신을 풀어 달라고 부탁했습니다. 하지만 술 맡은 자는 요셉을 잊어버렸습니다. 그러나 이것조차 하나님의 뜻이었습니다. 하나님은 요셉을 향한 다른 계획을 가지고 계셨습니다.

묵상

하나님께서 요셉을 감옥에 가두신 이유는 무엇입니까?

_____

_____

_____

술 맡은 자가 요셉을 잊어버린 이유는 무엇입니까?

_____

_____

_____

기도

하나님. 요셉은 억울하게 감옥에 갇혔습니다. 하지만 거기에는 하나님의 뜻이 있었습니다. 감옥에 갇혀 있는 동안 하나님은 요셉을 훈련하시고 요셉에게 많은 것들을 가르쳐 주셨습니다. 저희가 겪는 어려움에도 하나님의 뜻이 있음을 믿습니다. 고난을 겪을 때 불평하지 않고, 하나님의 뜻을 생각하면서 잘 견디게 해 주세요. 예수님의 이름으로 기도합니다. 아멘.

바로에게 해석하는 자가 없었더라

창세기 41장 | 찬송가 439장. 십자가로 가까이

▋ 만 이 년 후에 바로가 꿈을 꾼즉 자기가 나일 강가에 서 있는데(41:1)

요셉은 술 맡은 자를 통해 감옥에서 풀려나기를 원했습니다. 술 맡은 자는 애굽의 고위 관리였기 때문에 마음만 먹으면 얼마든지 요셉을 풀어 줄 수 있었습니다. 하지만 술 맡은 자는 감옥에서 나가자마자 요셉을 잊었습니다. 요셉은 감옥에서 2년을 더 지내야 했습니다. 하나님의 뜻이 있었기 때문입니다. 요셉은 운이 없어서 감옥에서 오래 지낸 것이 아니었습니다. 하나님의 계획은 차질 없이 진행되고 있었습니다.

> 그 흉하고 파리한 소가 그 아름답고
> 살진 일곱 소를 먹은지라 바로가 곧 깨었다가 (41:4)

애굽의 왕 바로는 한 꿈을 꾸었습니다. 흉하고 마른 소 일곱 마리가 아름답고 살진 소 일곱 마리를 잡아먹는 꿈이었습니다. 바로는 이것이 평범한 꿈이 아니라는 것을 알았습니다. 그것은 사실이었습니다. 바로가 꾼 꿈은 하나님께서 앞으로 하실 일을 보여 주는 꿈이었습니다.

> 아침에 그의 마음이 번민하여 사람을 보내어
> 애굽의 점술가와 현인들을 모두 불러
> 그들에게 그의 꿈을 말하였으나
> 그것을 바로에게 해석하는 자가 없었더라 (41:8)

바로는 꿈을 전문적으로 해석하는 자들을 불렀습니다. 그런데 아무도 바로의 꿈을 해석하지 못했습니다. 아무도 바로의 꿈을 해석하지 못하도록 하나님께서 막으셨기 때문입니다. 하나님께서 그렇게 하신 이유는 요셉을 바로 앞에 세우기 위함이었습니다. 바로 이것이 하나님께서 요셉을 2년 더 감옥에서 지내게 하신 이유였습니다. 하나님은 바로가 꿈을 꾸었을 때, 요셉이 감옥에서 나오기를 원하셨습니다.

> 이와 같이 그 곡물을 이 땅에 저장하여
> 애굽 땅에 임할 일곱 해 흉년에 대비하시면
> 땅이 이 흉년으로 말미암아 망하지 아니하리이다 (41:36)

드디어, 바로 앞에 선 요셉은 바로의 꿈을 해석했습니다. 요셉은 바로의 꿈이 하나님의 계획에 관한 것이며, 하나님의 계획은 7년 풍년 뒤에 7년 흉년이 오는 것이라고 말했습니다. 그리고 7년 흉년을 대비하기 위해서는 7년 풍년 동안 곡식을 저장해 두어야 한다고 말했습니다. 꿈만 해석한 것이 아니라 7년 흉년을 극복할 방법도 제시한 것입니다.

> 바로가 또 요셉에게 이르되 내가 너를 애굽 온 땅의 총리가 되게 하노라 하고 (41:41)

바로는 요셉이 보통 사람이 아니라는 것을 알았습니다. 요셉은 하나님께서 함께하시는 사람이며, 애굽을 통치할 지혜도 가진 사람이었습니다. 그래서 바로는 요셉을 애굽의 총리로 세웠습니다. 요셉은 어떻게 지혜로운 사람이 될 수 있었을까요? 애굽에서 여러 가지 경험을 했기 때문입니다. 보디발의 가정에서 가정 총무로 일하는 동안, 감옥에서 간수를 도와주는 동안 애굽의 정치와 경제를 배웠기 때문입니다. 이처럼 요셉이 겪은 어려움은 이유 없는 어려움이 아니었습니다. 하나님은 요셉을 애굽의 지도자로 세우기 위해서 여러 가지 어려움을 겪게 하셨습니다.

묵상

바로가 꾼 꿈은 어떤 꿈이었습니까?

_____

_____

_____

하나님께서 요셉이 어려움을 겪도록
하신 이유는 무엇입니까?

_____

_____

_____

기도

하나님. 애굽의 운명은 하나님의 손에 달려 있었습니다. 요셉의 운명과 이스라엘의 운명도 하나님의 손에 달려 있었습니다. 지금도 세상의 운명은 하나님의 손에 달려 있습니다. 역사의 주인이신 하나님을 믿으며, 세상의 왕이신 하나님께 순종하며 살아가는 저와 저희 가정 되게 해 주세요. 예수님의 이름으로 기도합니다. 아멘.

29주

요셉의 형들이 와서
그 앞에서 땅에 엎드려 절하매

창세기 42장 | 찬송가 445장. 태산을 넘어 험곡에 가도

> 그때에 야곱이 애굽에 곡식이 있음을 보고
> 아들들에게 이르되 너희는 어찌하여
> 서로 바라보고만 있느냐 (42:1)

야곱은 가나안에 살고 있었습니다. 야곱이 살고 있던 가나안에도 기근이 찾아왔습니다. 이때 야곱은 애굽에 곡식이 풍부하다는 사실을 알게 되었습니다. 야곱은 아들들에게 애굽에서 곡식을 사오라고 명령했습니다. 이 일을 계기로 야곱의 가족은 가나안을 떠나 애굽으로 이주하게 됩니다. 그리고 야곱의 후손은 애굽에서 거대한 민족으로

성장하게 됩니다.

> 때에 요셉이 나라의 총리로서
> 그 땅 모든 백성에게 곡식을 팔더니
> 요셉의 형들이 와서 그 앞에서
> 땅에 엎드려 절하매 (42:6)

오래전 요셉은 한 꿈을 꾸었습니다. 형들이 자신에게 절하는 꿈이었습니다. 그 꿈은 평범한 꿈이 아니었습니다. 그 꿈은 하나님께서 앞으로 하실 일을 말씀하신 것이었습니다. 드디어 하나님의 말씀이 이루어졌습니다. 요셉의 형들은 양식을 사기 위해 애굽의 총리에게 절했습니다. 그 총리는 요셉이었습니다. 하나님의 말씀대로 형들은 요셉에게 엎드렸습니다.

> 그들이 서로 말하되 우리가
> 아우의 일로 말미암아 범죄하였도다
> 그가 우리에게 애걸할 때에
> 그 마음의 괴로움을 보고도 듣지 아니하였으므로
> 이 괴로움이 우리에게 임하도다 (42:21)

요셉은 형들에게 첩자라는 누명을 씌웠습니다. 형들에게 복수하기 위해서가 아니라, 형들을 변화시키기 위해서였습니다. 실제로 요셉의 형들은 이 일을 통해 자신들의 잘못을 깨달았습니다. 과거에 요셉에게 행한 일 때문에 지금 하나님께 벌을 받는다고 생각했습니다. 요셉의 형들은 조금씩 변화되고 있었습니다.

> 요셉이 그들을 떠나가서 울고 다시 돌아와서
> 그들과 말하다가 그들 중에서 시므온을 끌어내어
> 그들의 눈앞에서 결박하고 (42:24)

요셉은 형들과 헤어진 후에 눈물을 흘렸습니다. 형들의 변화된 모습에 감동했기 때문입니다. 그리고 요셉은 시므온을 감옥에 가두었습니다. 형들을 시험하기 위함이었습니다. 만약 형들이 과거와 같다면 시므온을 구하러 오지 않을 것이고, 진정으로 변화되었다면 형들은 시므온을 구하기 위해 다시 애굽으로 돌아올 것이라고 생각했습니다. 놀랍게도 얼마 후 요셉의 형들은 시므온을 구하기 위해 애굽으로 다시 돌아왔습니다. 요셉의 형들은 과거와 달라졌습니다. 그들은 자신들의 죄를 진심으로 뉘우치고 있었습니다.

묵상

왜 요셉은 형들에게 첩자라는 누명을 씌웠습니까?

_____

_____

_____

왜 요셉은 형들과 헤어진 후 눈물을 흘렸습니까?

_____

_____

_____

기도

하나님. 하나님은 요셉의 형들을 변화시키셨습니다. 그들이 자신들의 죄를 깨닫고 회개하게 하셨습니다. 하나님의 섭리가 놀랍습니다. 저희 가정도 저희가 지은 죄를 회개하게 해 주세요. 죄를 미워하고 멀리하는 거룩한 가정이 되게 해 주세요. 예수님의 이름으로 기도합니다. 아멘.

30주

하나님이 생명을 구원하시려고 나를 당신들보다 먼저 보내셨나이다

창세기 45장 | 찬송가 15장. 하나님의 크신 사랑

> 요셉이 시종하는 자들 앞에서 그 정을 억제하지 못하여
> 소리 질러 모든 사람을 자기에게서 물러가라 하고
> 그 형제들에게 자기를 알리니
> 그때에 그와 함께 한 다른 사람이 없었더라 (45:1)

요셉은 베냐민에게 도둑이라는 누명을 씌웠습니다(44:12). 형들이 베냐민을 어떻게 대하는지 확인하기 위함이었습니다. 그러자 유다가 나섰습니다. 유다는 자신이 모든 책임을 지겠다고 말했습니다 (44:33). 유다가 희생하는 모습을 본 요셉은 형들이 과거와 달라졌음

을 확신했습니다. 요셉은 자신의 정체를 형제들에게 알렸습니다.

> 당신들이 나를 이곳에 팔았다고 해서
> 근심하지 마소서 한탄하지 마소서
> 하나님이 생명을 구원하시려고
> 나를 당신들보다 먼저 보내셨나이다 (45:5)

섭리는 보이지 않는 하나님의 손길입니다. 섭리는 역사를 움직이는 하나님의 능력입니다. 요셉은 섭리의 관점으로 자신의 삶을 해석했습니다. 요셉은 자신이 애굽에 온 이유가 형들 때문이 아니라 하나님 때문이라고 말했습니다. 하나님께서 세상을 구원하시기 위해 자신을 애굽에 보내셨다고 말했습니다. 요셉이 형들을 용서할 수 있었던 이유가 바로 여기에 있습니다. 요셉은 하나님의 섭리를 믿었습니다. 우리도 하나님의 섭리를 믿어야 합니다. 하나님의 보이지 않는 손길이 우리 삶을 이끌고 있음을 믿어야 합니다.

> 당신들은 속히 아버지께로 올라가서 아뢰기를
> 아버지의 아들 요셉의 말에 하나님이 나를
> 애굽 전국의 주로 세우셨으니 지체 말고 내게로 내려오사
> 아버지의 아들들과 아버지의 손자들과
> 아버지의 양과 소와 모든 소유가 고센 땅에 머물며
> 나와 가깝게 하소서 (45:9–10)

요셉은 아버지와 가족들을 애굽으로 데려왔습니다. 그 결과 요셉의 가족들은 애굽의 고센 땅에 자리를 잡았습니다. 야곱의 후손들은 이 때부터 약 400년간 애굽에 머물게 됩니다. 그리고 하나의 가족에 불

과했던 야곱의 후손들은 성인 남자만 약 60만 명에 이르는 거대한 민족으로 성장하게 됩니다. 이것은 하나님께서 아브라함에게 하신 약속을 지키신 결과였습니다. 하나님은 아브라함에게 다음과 같이 약속하셨습니다. "내가 너로 큰 민족을 이루고"(창 12:2). 이처럼 하나님의 말씀은 반드시 이루어집니다. 하나님은 약속을 어기지 않으십니다.

> 요셉의 형들이 왔다는 소문이
> 바로의 궁에 들리매
> 바로와 그의 신하들이 기뻐하고 (45:16)

애굽 사람들은 요셉의 가족이 애굽에 왔다는 소식을 듣고 기뻐했습니다. 요셉 때문에 하나님의 복이 애굽에 임했기 때문입니다. 요셉을 통해 하나님의 복이 애굽에 흘러 들어왔기 때문입니다. 우리도 요셉처럼 살아야 합니다. 세상에 하나님의 복을 전하는 사람이 되어야 합니다. 세상에 하나님의 복을 흘려보내는 사람이 되어야 합니다. 쌓으려고만 하지 말고, 나누어 주는 사람이 되어야 합니다. 받으려고만 하지 말고, 베푸는 사람이 되어야 합니다.

묵상

1. 섭리란 무엇입니까?

_____

_____

_____

2. 요셉이 형들을 용서할 수 있었던 이유는 무엇입니까?

_____

_____

_____

_____

기도

하나님, 요셉은 복의 통로가 되었습니다. 요셉을 통해 애굽 사람들은 복을 받았습니다. 저희도 요셉처럼 살게 해 주세요. 요셉처럼 복의 통로가 되게 해 주세요. 저희를 통해 하나님의 사랑과 은혜가 세상에 흘러가게 해 주세요. 예수님의 이름으로 기도합니다. 아멘.

일주일에 한 번,
온 가족 말씀 동행 프로젝트

출애굽기

31주

요셉을 알지 못하는 새 왕이 일어나 애굽을 다스리더니

출애굽기 1장 | 찬송가 23장. 만 입이 내게 있으면

> 이스라엘 자손은 생육하고 불어나 번성하고
> 매우 강하여 온 땅에 가득하게 되었더라 (1:7)

요셉은 자신의 가족들을 애굽으로 불러들였습니다. 야곱은 후손들을 이끌고 요셉이 있는 애굽으로 이주했습니다. 이때 야곱과 함께 애굽으로 이주한 사람은 모두 70명입니다. 그런데 불과 400년 만에 야곱의 후손들은 성인 남자만 약 60만 명에 이르는 큰 민족으로 성장했습니다. 여자와 아이들까지 포함하면, 이스라엘의 수는 200만 명이 넘을 것입니다. 이스라엘이 이처럼 짧은 시간에 성장할 수 있

었던 것은 하나님께서 아브라함 언약을 성취하셨기 때문입니다. 하나님은 약속하신 대로 아브라함의 후손들을 큰 민족이 되도록 하셨습니다. "여호와의 말씀이 그에게 임하여 이르시되 … 하늘을 우러러 뭇별을 셀 수 있나 보라 … 네 자손이 이와 같으리라"(창 15:4-5).

▌ 요셉을 알지 못하는 새 왕이 일어나 애굽을 다스리더니 (1:8)

애굽에 새로운 왕이 등극했습니다. 왕은 요셉을 알지 못했습니다. 요셉으로 인해 애굽이 번성하게 된 사실을 알지 못했습니다. 그래서 왕은 이스라엘을 탄압했고, 이스라엘은 새로운 왕에게 고통을 받았습니다. 하지만 이것조차도 하나님의 섭리였습니다. 만약 이스라엘이 새로운 왕에게 고통받지 않았다면, 애굽을 떠나려고 하지 않았을 것입니다. 또한 하나님의 구원도 경험하지 못했을 것이고, 가나안 땅을 정복하지도 못했을 것입니다.

▌ 그러나 산파들이 하나님을 두려워하여
▌ 애굽 왕의 명령을 어기고 남자 아기들을 살린지라 (1:17)

이스라엘은 크게 성장했습니다. 애굽 왕은 이스라엘이 두려웠습니다. 그래서 애굽 왕은 산파들에게 이스라엘의 남자 아기들을 전부 죽이라고 명령했습니다. 하지만 산파들은 아기들을 죽이지 않았습니다. 애굽 왕보다 하나님을 더 두려워했기 때문입니다. 우리도 하나님을 가장 두려워해야 합니다. 사람보다 하나님을 더 두려워해야 합니다. 사람이 두려워서 하나님께 불순종해서는 안 됩니다. 우리가 가장 중요하게 여겨야 할 분은 하나님입니다.

왕은 가장 높은 사람입니다. 그에 비해 산파들은 힘없는 약자입니다. 그런데 하나님은 산파들을 통해 왕의 계획을 중단시키셨습니다. 가장 약한 자를 통해 가장 강한 자를 막으셨습니다. 이처럼 가장 강한 사람은 하나님께서 사용하시는 사람입니다. 가장 능력 있는 사람은 하나님의 능력이 함께하는 사람입니다. 우리도 하나님께 순종할 때 가장 강한 사람이 될 수 있습니다. 하나님의 도구로 사용될 때 가장 대단한 사람이 될 수 있습니다.

묵상

이스라엘 민족이 짧은 시간에 크게 성장할 수 있었던
비결은 무엇입니까?

_____

_____

_____

_____

왜 산파들은 이스라엘의 아기들을 죽이지 않았습니까?

_____

_____

_____

기도

하나님. 하나님의 은혜와 지혜가 놀랍습니다. 하나님은 이스
라엘의 번성과 강성함을 위해 산파들을 사용하셨고, 산파들은
하나님의 도구로 사용되는 복을 받았습니다. 저희 가정도 하
나님께 쓰임받기를 원합니다. 하나님의 도구로 사용되는 복을
받게 해 주세요. 예수님의 이름으로 기도합니다. 아멘.

32주

부르짖는 소리가 하나님께 상달된지라

출애굽기 2장 | 찬송가 27장. 빛나고 높은 보좌와

> 더 숨길 수 없게 되매 그를 위하여
> 갈대 상자를 가져다가 역청과 나무 진을 칠하고
> 아기를 거기 담아 나일 강가 갈대 사이에 두고 (2:3)

애굽 왕은 이스라엘의 남자 아기들을 나일강에 던져서 죽이라고 명령했습니다. 모세의 부모는 왕의 명령을 어기고 아기를 숨겼습니다. 하지만 시간이 지나, 더는 모세를 숨길 수 없게 되었습니다. 모세의 부모는 하나님께서 모세를 살리실 거라 믿고, 모세를 나일강에 흘려보냈습니다. 실제로 하나님은 모세를 구원하셨습니다. 하나님은 모세가 애굽 공주의 눈에 띄게 하셨습니다. 애굽 공주는 모세를 건져서 자신의 양자로 삼았습니다. 하나님의 섭리 속에서 모세는 애굽의 왕궁에서 자랐습니다.

> 모세가 장성한 후에 한번은 자기 형제들에게 나가서
> 그들이 고되게 노동하는 것을 보더니
> 어떤 애굽 사람이 한 히브리 사람 곧
> 자기 형제를 치는 것을 본지라
> 좌우를 살펴 사람이 없음을 보고
> 그 애굽 사람을 쳐 죽여 모래 속에 감추니라 (2:11-12)

모세는 애굽 공주의 아들로 자랐습니다. 하지만 모세는 자신이 이스라엘 사람이라는 사실을 잊지 않았습니다. 그래서 모세는, 공주의 아들이라는 자신의 힘으로 이스라엘을 구원하려고 했습니다. 모세는 동족을 구원하기 위해서 몰래 애굽 사람을 죽였습니다. 하지만 모세의 시도는 실패로 돌아갔습니다. 모세가 애굽 사람을 죽인 것이 알려졌고, 애굽 왕은 모세를 처벌하려고 했습니다. 모세는 왕을 피해 광야로 도망갔습니다.

> 바로가 이 일을 듣고 모세를 죽이고자 하여 찾는지라
> 모세가 바로의 낯을 피하여 미디안 땅에 머물며
> 하루는 우물 곁에 앉았더라 (2:15)

모세는 미디안 광야로 도망쳤습니다. 하루아침에 도망자가 되었고, 실패한 사람이 되었습니다. 하지만 모세의 실패가 하나님의 실패는 아니었습니다. 모세가 실패한 것은 하나님께 다른 계획이 있었기 때문입니다. 우리가 실패해도 하나님은 실패하지 않으십니다. 우리가

아무것도 할 수 없어도 하나님은 일하십니다. 하나님은 우리의 실패를 통해서도 위대한 일을 이루십니다.

> 여러 해 후에 애굽 왕은 죽었고
> 이스라엘 자손은 고된 노동으로 말미암아
> 탄식하며 부르짖으니 그 고된 노동으로 말미암아
> 부르짖는 소리가 하나님께 상달된지라 (2:23)

모세가 애굽을 떠나고 40년이 지났습니다. 그동안 이스라엘은 고통의 세월을 보내고 있었습니다. 40세의 혈기 왕성했던 모세는 80세의 노인이 되었습니다. 바로 그때 이스라엘의 기도가 하나님께 상달되었습니다. 하나님께서 계획하신 때가 된 것입니다. 모세를 사용하실 때가 된 것입니다. 이처럼 사람의 시간표와 하나님의 시간표는 다릅니다. 모세는 40세에 쓰임받기를 원했지만, 하나님은 모세를 80세에 사용하길 원하셨습니다.

묵상

왜 모세는 애굽 사람을 죽였습니까?

_____

_____

_____

_____

모세가 실패했을 때, 하나님도 실패하셨습니까?

_____

_____

_____

_____

기도

하나님. 모세는 실패했지만, 하나님은 실패하지 않으셨습니다.
저희는 자주 실패하지만, 하나님은 절대 실패하지 않으심을
믿습니다. 실패한 자리에서, 낙심하지 않고 하나님의 일하심
을 보게 해 주세요. 하나님을 믿고 순종함으로 그 일을 감당하
게 해 주세요. 예수님의 이름으로 기도합니다. 아멘.

33주

네가 선 곳은 거룩한 땅이니 네 발에서 신을 벗으라

출애굽기 3장 ㅣ 찬송가 35장. 큰 영화로신 주

> 여호와께서 그가 보려고 돌이켜 오는 것을 보신지라
> 하나님이 떨기나무 가운데서 그를 불러 이르시되
> 모세야 모세야 하시매 그가 이르되 내가 여기 있나이다 (3:4)

모세는 양 떼에게 풀을 먹이기 위해 호렙산으로 갔습니다. 모세는 그곳에서 불타는 떨기나무를 보았습니다. 떨기나무는 불타면서도 사라지지 않았습니다. 그때 하나님께서 불 가운데서 말씀하셨습니다. 모세를 이스라엘의 구원자로 사용하신다고 말씀하셨습니다. 왜 하나님은 불타는 떨기나무 가운데서 말씀하셨을까요? 떨기나무는 약해서 자그마한 불에도 금방 타 버립니다. 하지만 하나님께서 함께 하셨기에 불타 없어지지 않았습니다. 모세도 마찬가지입니다. 80세의 모세는 젊지도 강하지도 않지만, 하나님께서 함께하시기 때문에 실패하지 않을 것입니다.

> 하나님이 이르시되 이리로 가까이 오지 말라
> 네가 선 곳은 거룩한 땅이니 네 발에서 신을 벗으라 (3:5)

하나님은 모세에게 신발을 벗으라고 하셨습니다. 모세가 신고 있던 신발은 더러움을 상징합니다. 거룩하신 하나님께서 모세 앞에 계시기에, 모세는 더러운 신발을 벗어야 했습니다. 모세와 함께하셨던 하나님은 우리와도 함께하십니다. 우리도 신발을 벗어야 합니다. 실제 신발을 벗으라는 말이 아닙니다. 더러운 것을 벗으라는 말입니다. 더러운 생각과 말과 행동을 멀리하라는 말입니다. 기억합시다. 우리는 거룩하신 하나님께 속한 사람입니다. 우리는 거룩한 사람이 되어야 합니다.

> 모세가 하나님께 아뢰되 내가 누구이기에
> 바로에게 가며 이스라엘 자손을 애굽에서 인도하여 내리이까
> 하나님이 이르시되 내가 반드시 너와 함께 있으리라 (3:11-12)

하나님은 모세에게 말씀하셨습니다. 모세를 이스라엘의 구원자로 사용하신다고 하셨습니다. 하지만 모세는 자신에게 그런 능력이 없다고 말했습니다. 자신은 이스라엘의 구원자가 될 수 없다고 말했습니다. 그러자 하나님께서 다시 말씀하셨습니다. 모세와 함께하시겠다고 말입니다. 그렇습니다. 모세 혼자서는 할 수 없습니다. 그러나

하나님께서 함께하시면 할 수 있습니다. 우리도 마찬가지입니다. 우리의 힘으로는 할 수 없지만, 하나님께서 함께하시면 할 수 있습니다. 하나님께서 함께하시면 모든 두려움과 어려움을 극복할 수 있습니다.

> 하나님이 모세에게 이르시되
> 나는 스스로 있는 자이니라 또 이르시되
> 너는 이스라엘 자손에게 이같이 이르기를
> 스스로 있는 자가 나를 너희에게 보내셨다 하라 (3:14)

하나님은 모세에게 자신의 이름을 알려 주셨습니다. 하나님께서 알려 주신 이름은 "스스로 있는 자"입니다. 세상 그 어떤 피조물도 스스로 존재할 수 없습니다. 사람은 동물을 먹고, 동물은 식물을 먹으며, 식물은 햇빛을 받습니다. 모든 피조물은 다른 것에 의존하며 살아갑니다. 하지만 하나님은 아무것도 의존하지 않으십니다. 하나님은 누구의 도움도 필요하지 않으십니다. 하나님은 스스로 존재하시는 전능하신 분이기 때문입니다. 전능하신 하나님께서 모세와 함께하셨기에, 모세는 이스라엘의 구원자가 될 수 있었습니다.

묵상

왜 하나님은 불타는 떨기나무 가운데서 말씀하셨습니까?

_____

_____

_____

_____

왜 하나님은 모세에게 신발을 벗으라고 하셨습니까?

_____

_____

_____

_____

기도

하나님. 저희는 약합니다. 그리고 부족합니다. 하지만 저희와 함께하시는 하나님은 전능하십니다. 전능하신 하나님을 의지하며 살아가게 해 주세요. 신뢰하며 살아가게 해 주세요. 저희의 힘으로는 할 수 없지만, 하나님의 힘으로는 할 수 있음을 잊지 않게 해 주세요. 예수님의 이름으로 기도합니다. 아멘.

34주

파리로 말미암아 그 땅이 황폐하였더라

출애굽기 8장 | 찬송가 50장. 내게 있는 모든 것을

> 여호와께서 모세에게 이르시되
> 너는 바로에게 가서 그에게 이르기를
> 여호와의 말씀에 내 백성을 보내라
> 그들이 나를 섬길 것이니라 (8:1)

바로는 애굽 왕의 호칭입니다. 바로는 이스라엘이 자기 백성이라고 생각했습니다. 그것은 바로의 착각이었습니다. 이스라엘은 바로의 백성이 아니라 하나님의 백성이었습니다. 하나님은 바로에게 말씀하셨습니다. "내 백성을 보내라 그들이 나를 섬길 것이니라." 그렇습니다. 이스라엘은 하나님의 백성입니다. 이스라엘은 하나님의 백

성으로서, 하나님을 섬기는 삶을 살아야 합니다.

> 여호와께서 모세에게 이르시되
> 아론에게 명령하기를 네 지팡이를 잡고
> 네 팔을 강들과 운하들과 못 위에 펴서
> 개구리들이 애굽 땅에 올라오게 하라 할지니라 (8:5)

바로는 하나님의 명령에 순종하지 않았습니다. 바로가 하나님의 명령에 순종하지 않은 대가는 컸습니다. 하나님은 열 가지 재앙으로 바로와 애굽을 심판하셨습니다. 가장 먼저 나일강을 피로 변하게 하셨고, 다음으로 개구리가 온 애굽을 덮게 하셨습니다. 더러운 개구리로 인해 온 애굽이 더러워졌습니다.

> 그러나 바로가 숨을 쉴 수 있게 됨을 보았을 때에
> 그의 마음을 완강하게 하여 그들의 말을 듣지 아니하였으니
> 여호와께서 말씀하신 것과 같더라 (8:15)

바로는 수많은 개구리를 보고서 하나님께 순종하겠다고 말했습니다. 하지만 하나님께서 개구리들을 사라지게 하시자 금세 마음을 바꾸었습니다. 눈앞의 어려움이 사라지자 태도를 바꾸었습니다. 바로에게 중요한 것은 문제를 해결하는 것이지 하나님께 순종하는 것이 아니었습니다. 바로의 이러한 태도로 인해 애굽은 큰 피해를 입게 됩니다.

> 여호와께서 그와 같이 하시니 무수한 파리가
> 바로의 궁과 그의 신하의 집과 애굽 온 땅에 이르니
> 파리로 말미암아 그 땅이 황폐하였더라 (8:24)

하나님은 애굽에 열 가지 재앙을 내리셨습니다. 그중 네 번째 재앙은 파리 재앙이었습니다. 여기에는 중요한 의미가 있었습니다. 애굽 사람들은 파리 형상의 신을 숭배했습니다. '우치아트'라고 하는 신입니다. 즉 하나님께서 파리를 신으로 숭배하는 자들을 파리로 심판하신 것입니다. 다른 재앙들도 마찬가지입니다. 하나님께서 애굽에 내리신 첫 번째 재앙은 나일강이 피로 변하는 것이었습니다. 그 이유는 애굽 사람들이 나일강을 신으로 숭배했기 때문입니다. 이처럼 하나님은 열 가지 재앙을 통해 하나님 외에 다른 신이 없다는 사실을 알려 주셨습니다.

묵상

이스라엘 민족은 누구의 백성입니까?

_____

_____

_____

하나님은 열 가지 재앙을 통해 어떤 사실을 알려 주셨습니까?

_____

_____

_____

기도

하나님. 하나님은 열 가지 재앙을 통해 하나님 외에 다른 신이 없다는 사실을 알려 주셨습니다. 지금도 사람들은 여러 가지 우상을 숭배합니다. 특히 돈과 성공을 신처럼 숭배합니다. 저희 가정은 오직 하나님만을 섬기게 해 주세요. 하나님을 가장 사랑하게 해 주세요. 예수님의 이름으로 기도합니다. 아멘.

35주

애굽의 모든 신을 내가 심판하리라

출애굽기 12장 | 찬송가 265장. 주 십자가를 지심으로

> 이 달을 너희에게 달의 시작
> 곧 해의 첫 달이 되게 하고 (12:2)

하나님은 이스라엘에게 유월절을 달력의 시작으로 삼으라고 하셨습니다. 일반적인 날짜 개념을 따르면, 유월절은 대략 3월입니다. 그런데 왜 하나님은 유월절을 1월로 삼으라고 하셨을까요? 유월절이 하나님의 구원을 상징하기 때문입니다. 구원이 우리 인생에서 가장 중요한 사건이며 우리 인생의 진정한 출발점이기 때문입니다. 하나님의 구원을 통해, 우리는 의미 없는 인생에서 벗어나 참으로 가치 있는 인생을 살게 되기 때문입니다. 그래서 하나님은 유월절을 1

월로 삼으라고 하셨습니다.

> 내가 그 밤에 애굽 땅에 두루 다니며
> 사람이나 짐승을 막론하고
> 애굽 땅에 있는 모든 처음 난 것을 다 치고
> 애굽의 모든 신을 내가 심판하리라 나는 여호와라 (12:12)

하나님은 애굽에 아홉 가지 재앙을 내리셨습니다. 하지만 바로는 하나님께 순종하지 않았습니다. 바로는 이스라엘을 내보내지 않았습니다. 결국 하나님은 열 번째 재앙을 선포하셨습니다. 열 번째 재앙은 애굽에 있는 모든 장자를 심판하는 것입니다. 하나님은 사람과 짐승을 막론하고 애굽에 있는 모든 처음 태어난 것들을 심판하실 것입니다.

> 내가 애굽 땅을 칠 때에
> 그 피가 너희가 사는 집에 있어서
> 너희를 위하여 표적이 될지라
> 내가 피를 볼 때에 너희를 넘어가리니
> 재앙이 너희에게 내려 멸하지 아니하리라 (12:13)

하나님은 애굽에 있는 모든 장자를 심판하신다고 하셨습니다. 하지만 피할 길이 없는 것은 아니었습니다. 하나님은 어린양의 피를 문에 바른 집은 심판하지 않으시고 넘어가신다고 하셨습니다. 바로 여기서 유월절이라는 말이 나왔습니다. 유월절은 '넘어간다'는 뜻입니다. 유월절의 어린양은 예수님을 상징합니다. 이스라엘이 어린양의 피로 구원을 얻었듯이, 우리는 예수님의 피로 구원을 얻었습니다.

하나님은 애굽의 장자들을 심판하셨습니다. 애굽의 신들은 장자들을 보호하지 못했습니다. 애굽의 우상들은 애굽 사람들에게 아무 도움이 되지 못했습니다. 애굽의 우상들은 진짜 신이 아니라 사람이 만든 조각에 불과했기 때문입니다. 결국 바로는 하나님께 항복했습니다. 바로는 이스라엘이 떠나는 것을 허락해 주었습니다. 애굽을 떠날 때, 이스라엘의 수는 남자 장정만 60만 명이었습니다.

유아 외에 보행하는 장정이 육십만가량이요 (12:37)

오래전 하나님은 아브라함과 언약을 맺으셨습니다. 하나님은 아브라함의 후손으로 큰 민족을 만들겠다고 하셨습니다. 하나님의 언약은 성취되었습니다. 이제 이스라엘은 남자 장정만 60만 명이나 되는 큰 민족이 되었습니다. 여자와 아이들의 숫자까지 더하면 200만 명은 넘을 것입니다. 이처럼 하나님의 말씀은 반드시 이루어집니다. 아무도 하나님의 뜻과 계획을 막을 수 없습니다.

묵상

왜 하나님은 이스라엘 민족에게
유월절을 1월로 삼으라고 하셨습니까?

_____

_____

_____

유월절 어린양은 누구를 상징합니까?

_____

_____

_____

기도

하나님. 이스라엘은 유월절 어린양의 피로 구원을 얻었습니
다. 하나님의 말씀을 믿어 구원을 얻었습니다. 마찬가지로 저
희는 예수님의 피로 구원을 얻었습니다. 그 예수님을 믿어 구
원을 얻었습니다. 심판받아 마땅한 저희를 구원해 주셔서 감
사합니다. 예수님의 피로 얻은 구원에 감사하는 삶을 살게 해
주세요. 예수님의 이름으로 기도합니다. 아멘.

36주

물이 갈라져 바다가 마른 땅이 된지라

출애굽기 14장 | 찬송가 91장. 슬픈 마음 있는 사람

여호와께서 모세에게 말씀하여 이르시되

이스라엘 자손에게 명령하여 돌이켜

바다와 믹돌 사이의 비하히롯 앞 곧

바알스본 맞은편 바닷가에 장막을 치게 하라 (14:1-2)

하나님은 이스라엘을 홍해 바닷가로 인도하셨습니다. 바닷가는 군사적으로 위험한 지역입니다. 후퇴하거나 도망칠 곳이 없기 때문입니다. 하지만 하나님께는 이유가 있었습니다. 하나님은 홍해 바닷가에서 애굽 군대에게 최후의 일격을 가하시고, 이스라엘에게 큰 구원을 보여 주려고 하셨습니다.

> 바로가 곧 그의 병거를 갖추고
>
> 그의 백성을 데리고 갈새 선발된 병거 육백 대와
>
> 애굽의 모든 병거를 동원하니
>
> 지휘관들이 다 거느렸더라 (14:6-7)

바로는 이스라엘을 내보낸 것을 후회했습니다. 열 가지 재앙을 통해 경험한 하나님의 크신 능력을 망각하고서, 애굽의 모든 군사력을 총동원하여 이스라엘을 추격했습니다. 이처럼 사람들은 어리석습니다. 우리도 마찬가지입니다. 우리는 자주 하나님의 크신 능력을 망각합니다. 하나님의 크신 은혜를 잊어버립니다.

> 그들이 또 모세에게 이르되
>
> 애굽에 매장지가 없어서
>
> 당신이 우리를 이끌어 내어
>
> 이 광야에서 죽게 하느냐 어찌하여
>
> 당신이 우리를 애굽에서 이끌어 내어
>
> 우리에게 이같이 하느냐 (14:11)

바로가 어리석었던 것처럼, 이스라엘도 어리석었습니다. 바로가 하나님의 크신 능력을 망각했던 것처럼, 이스라엘도 하나님의 크신 능력을 망각했습니다. 이스라엘은 애굽 군대가 쫓아온다는 소식을 듣자마자 하나님과 모세를 원망했습니다. 이때 이스라엘은 원망이 아니라 기도를 했어야 합니다. 하나님께 불평할 것이 아니라 잠잠히 하나님의 도움을 기다렸어야 합니다. 혹시 우리도 이스라엘과 같지 않나요? 기도하기보다는 걱정하고, 감사하기보다는 불평하지 않습니까?

> 모세가 바다 위로 손을 내밀매 여호와께서 큰 동풍이 밤새도록 바닷물을 물러가게 하시니 물이 갈라져 바다가 마른 땅이 된지라 (14:21)

하나님은 계획을 가지고 계셨습니다. 이스라엘을 가로막은 홍해 사이로 길을 만드시고, 거대한 바다를 마른 땅으로 만드셨습니다. 이스라엘은 바다 사이의 길을 따라 안전하게 애굽 군대로부터 도망쳤습니다. 홍해 바다는 이스라엘을 보호하는 방패가 되었지만, 애굽 군대에게는 날카로운 칼이 되었습니다. 애굽 군대를 덮쳐서 한 사람도 살아남지 못하게 만들었습니다. 이렇듯 하나님은 우리를 위해서 싸우시는 위대한 전사이십니다. 하나님은 우리를 위해 자연 만물을 다스리시는 위대한 왕이십니다.

묵상

하나님께서 이스라엘을 홍해 바닷가로
인도하신 이유는 무엇입니까?

이스라엘에게 방패가 되었던 홍해 바다는
애굽 군대에게 무엇이 되었습니까?

기도

하나님. 우리도 홍해 바다와 같은 어려움을 만날 때가 많이 있
습니다. 그때마다 하나님의 은혜와 능력을 잠시 잊어버리고서
걱정하기도 하고 불평하기도 합니다. 하나님의 은혜와 능력을
늘 기억하며 신뢰하게 해 주세요. 걱정 대신 기도를, 불평 대신
찬양을 하게 해 주세요. 예수님의 이름으로 기도합니다. 아멘.

37주

내가 이스라엘 자손의 원망함을 들었노라

출애굽기 16장 | 찬송가 96장. 예수님은 누구신가

> 이스라엘 자손이 그들에게 이르되
>
> 우리가 애굽 땅에서 고기 가마 곁에 앉아 있던 때와
>
> 떡을 배불리 먹던 때에 여호와의 손에 죽었더라면 좋았을 것을
>
> 너희가 이 광야로 우리를 인도해 내어
>
> 이 온 회중이 주려 죽게 하는도다 (16:3)

하나님은 이스라엘을 애굽에서 구원하셨습니다. 하나님은 이스라엘을 홍해에서 구원하셨습니다. 따라서 이스라엘은 마땅히 하나님을 찬양해야 했습니다. 하지만 이스라엘은 찬양 대신 불평을 쏟아냈습니다. 먹을 것이 부족했기 때문입니다. 우리도 마찬가지입니

다. 하나님께 감사해야 할 일들이 많지만, 몇 가지가 부족하면 하나님께 불평을 쏟아 냅니다. 죄와 사망에서 구원받은 것으로도 평생 감사할 일인데, 조금만 어려우면 하나님을 원망합니다. 혹시 습관처럼 불평하고 있지 않은지 우리 자신을 돌아봅시다.

> 내가 이스라엘 자손의 원망함을 들었노라
> 그들에게 말하여 이르기를 너희가 해 질 때에는
> 고기를 먹고 아침에는 떡으로 배부르리니
> 내가 여호와 너희의 하나님인 줄 알리라 하라 하시니라 (16:12)

하나님은 이스라엘의 원망과 불평을 들으셨습니다. 이스라엘이 하나님에 대해 함부로 말하는 것을 들으셨습니다. 그럼에도 불구하고 하나님은 이스라엘을 불쌍히 여기시고 이스라엘에게 먹을 것을 주셨습니다. 저녁에는 메추라기를 주셨고, 낮에는 만나를 주셨습니다. 하나님은 자기 백성을 사랑하시는 분입니다. 우리에게 필요한 것을 공급해 주시는 분입니다.

> 모세가 그들에게 이르기를
> 아무든지 아침까지 그것을 남겨두지 말라 하였으나
> 그들이 모세에게 순종하지 아니하고 더러는 아침까지 두었더니
> 벌레가 생기고 냄새가 난지라 (16:19-20)

하나님은 이스라엘에게 매일 만나를 주신다고 하셨습니다. 하지만 어떤 사람들은 하나님의 말씀을 믿지 않았습니다. 그래서 다음 날 먹을 만나를 몰래 숨겨 두었습니다. 하지만 만나의 유통 기한은 하루였기에, 몰래 숨겨 둔 만나는 상해서 먹지 못하게 되었습니다. 하

나님의 만나가 이스라엘에게 매일 임한 것처럼, 하나님의 은혜도 우리에게 매일 임합니다. 하나님께서 우리를 떠나시거나 내버려 두시는 날은 단 하루도 없습니다.

> 모세가 이르되 오늘은 그것을 먹으라
> 오늘은 여호와의 안식일인즉 오늘은 너희가
> 들에서 그것을 얻지 못하리라 (16:25)

구약의 안식일은 토요일입니다. 그래서 하나님은 토요일에는 만나를 주지 않으셨습니다. 토요일은 하나님을 예배하는 일에 집중해야 하기 때문입니다. 대신 하나님은 금요일에 두 배의 만나를 주셨습니다. 하나님의 마음은 지금도 동일합니다. 하나님은 우리가 주일을 예배의 날로 지키기를 원하십니다. 우리는 주일 하루만큼은 예배에 최선을 다해야 합니다.

묵상

왜 어떤 사람들은 다음 날 먹을 만나를
몰래 숨겨 두었습니까?

_____

_____

_____

왜 하나님은 금요일에 두 배의 만나를 주셨습니까?

_____

_____

_____

기도

하나님. 하나님은 우리를 사랑하시는 분이십니다. 우리의 필
요를 아시고 우리에게 필요한 모든 것을 공급해 주신다고 믿
습니다. 그러니 어떠한 상황에서도 불평하기보다 감사하는 삶
을, 원망하기보다 기도하는 삶을 살게 해 주세요. 예수님의 이
름으로 기도합니다. 아멘.

너희가 내게 대하여 제사장 나라가 되며

출애굽기 19-20장 | 찬송가 292장. 주 없이 살 수 없네

세계가 다 내게 속하였나니

너희가 내 말을 잘 듣고 내 언약을 지키면

너희는 모든 민족 중에서 내 소유가 되겠고

너희가 내게 대하여 제사장 나라가 되며

거룩한 백성이 되리라 (19:5-6)

세계가 다 하나님께 속했습니다. 세상 모든 것은 하나님의 소유입니다. 그러나 이스라엘은 하나님의 특별한 소유입니다. 세상에서 구별된 하나님의 백성입니다. 따라서 이스라엘은 하나님의 말씀을 잘 들어야 합니다. 우리도 마찬가지입니다. 우리는 선택받은 하나님의

백성입니다. 세상에서 구별된 하나님의 자녀입니다. 따라서 우리는 하나님의 말씀에 순종해야 합니다. 하나님의 말씀대로 살아야 합니다.

> 백성이 일제히 응답하여 이르되
> 여호와께서 명령하신 대로 우리가 다 행하리이다 (19:8)

하나님은 이스라엘에게 순종하라고 말씀하셨습니다. 이에 이스라엘은 하나님의 말씀대로 행하겠다고 응답했습니다. 이것이 하나님과 사람의 올바른 관계입니다. 하나님께서 말씀하실 때, 사람은 들어야 합니다. 하나님께서 명령하실 때, 사람은 순종해야 합니다. 혹시 우리는 하나님의 말씀을 듣지 않고, 하나님의 명령에 불순종하고 있지는 않습니까?

> 여호와께서 모세에게 이르시되 너는 백성에게로 가서
> 오늘과 내일 그들을 성결하게 하며
> 그들에게 옷을 빨게 하고 준비하게 하여
> 셋째 날을 기다리게 하라 이는 셋째 날에
> 나 여호와가 온 백성의 목전에서 시내 산에 강림할 것임이니 (19:10-11)

하나님은 이스라엘에게 몸을 깨끗하게 하라고 하셨습니다. 옷을 빨라고 하셨습니다. 3일 후에 하나님께서 시내 산에 강림하실 것이기 때문입니다. 옷과 몸을 깨끗하게 한다는 것은 마음을 깨끗하게 하는 것을 상징합니다. 따라서 우리도 하나님을 만나기 전에 마음을 깨끗하게 해야 합니다. 하나님을 예배하기 전에 우리의 죄를 회개해야 합니다. 깨끗한 마음으로 예배의 자리에 나아가야 합니다.

> 나는 너를 애굽 땅, 종 되었던 집에서
> 인도하여 낸 네 하나님 여호와니라 (20:2)

하나님은 시내 산으로 내려오셨습니다. 시내 산에서 열 가지 계명, 곧 십계명을 말씀하셨습니다. 하나님은 십계명을 말씀하시기 전에 십계명을 지켜야 하는 이유를 먼저 말씀하셨습니다. 그 이유는 하나님의 구원입니다. 하나님은 이스라엘을 애굽에서 구원하셨습니다. 애굽의 노예 상태에서 구원하셨습니다. 그렇기에 이스라엘은 하나님의 계명을 지켜야 했습니다. 우리도 마찬가지입니다. 하나님은 우리를 죄의 노예 상태에서 구원하셨습니다. 그렇기에 우리는 하나님의 계명을 지켜야 하는 것입니다.

> 너는 나 외에는 다른 신들을 네게 두지 말라 (20:3)

하나님 외에는 참된 신이 없습니다. 하나님 외의 다른 모든 신들은 사람이 만든 가짜입니다. 아무런 능력이 없는 허상이며, 실체가 없는 허구입니다. 한마디로 다른 신들은 거짓 신입니다. 따라서 사람이 하나님만을 섬기는 것은 당연한 일입니다. 참된 신이신 하나님을 섬기는 것은 사람으로서 마땅히 해야 하는 일입니다.

묵상

왜 이스라엘은 하나님의 말씀에 순종해야 했습니까?

왜 우리는 하나님의 말씀에 순종해야 합니까?

기도

하나님. 하나님은 유일하신 참된 신이십니다. 그리고 저희는
하나님의 피조물입니다. 우리를 지으시고 우리를 구원하신 하
나님께 감사하며, 저희가 하나님의 말씀을 잘 듣고 순종하는
삶을 살게 해 주세요. 예수님의 이름으로 기도합니다. 아멘.

39주

내가 그들 중에 거할 성소를 그들이 나를 위하여 짓되

출애굽기 25~26장 | 찬송가 295장. 큰 죄에 빠진 나를

▌ 내가 그들 중에 거할 성소를 그들이 나를 위하여 짓되 (25:8)

하나님은 모세에게 성소를 지으라고 하셨습니다. 성소는 다른 곳에서 성막이라고도 불립니다. 성소는 하나님께서 이스라엘을 만나 주시는 장소입니다. 성소는 하나님이 이스라엘과 함께하신다는 증거입니다. 이스라엘은 성소를 보면서, 하나님이 자신들과 함께하신다는 사실을 알 수 있었습니다. 따라서 성소는 오실 예수님을 상징합니다. 예수님은 우리와 함께하신 하나님입니다. 예수님은 우리 곁으로 오신 하나님입니다. 그래서 예수님의 이름은 '임마누엘'입니

다. 임마누엘은 "하나님이 우리와 함께하신다"라는 뜻입니다. "보라 처녀가 잉태하여 아들을 낳을 것이요 그의 이름을 임마누엘이라 하리라"(사 7:14).

▌ 상 위에 진설병을 두어 항상 내 앞에 있게 할지니라 (25:30)

성소에는 상이 있고, 상 위에는 진설병이 있었습니다. 진설병은 빵입니다. 상 위에는 모두 열두 개의 빵이 있었습니다. 열두 개의 빵은 이스라엘 열두 지파를 상징하고, 이스라엘 열두 지파는 하나님의 백성들을 상징합니다. 따라서 열두 개의 빵은 하나님께서 자기 백성들을 돌보시고 먹이신다는 사실을 의미합니다. 그리고 궁극적으로 진설병은 예수님을 상징합니다. 예수님은 우리에게 생명을 주시는 빵이기 때문입니다. "예수께서 이르시되 나는 생명의 떡이니 내게 오는 자는 결코 주리지 아니할 터이요 나를 믿는 자는 영원히 목마르지 아니하리라"(요 6:35). 예수님을 구원자로 영접하는 사람은 영원한 생명을 얻습니다.

▌ 청색 자색 홍색 실과 가늘게 꼰 베 실로 수 놓아 짜서
▌ 성막 문을 위하여 휘장을 만들고 (26:36)

하나님은 모세에게 휘장을 만들라고 하셨습니다. 휘장은 성소를 둘로 나누는 천입니다. 오늘날 커튼과 같은 것입니다. 휘장 안쪽은 '지성소', 휘장 바깥은 '성소'라고 불렀습니다. 지성소는 아무나 출입할 수 없었습니다. 지성소는 일 년에 한 번 대제사장만 출입할 수 있었습니다. 이것은 아무나 하나님께 가까이 갈 수 없다는 사실을 의미합니다. 하지만 지금은 예수님을 믿기만 하면 누구나 하나님께 가까이 갈 수 있습니다. 예수님을 믿는 사람은 누구든지 담대하게 하나님을 찾을 수 있습니다. 예수님께서 우리의 죄를 모두 해결하셨기 때문입니다. 바로 이것이 예수님께서 십자가에 달리셨을 때, 성소의 휘장이 찢어진 이유입니다. "예수께서 다시 크게 소리 지르시고 영혼이 떠나시니라 이에 성소 휘장이 위로부터 아래까지 찢어져 둘이 되고"(마 27:50-51).

묵상

이스라엘은 성소를 보면서 어떤 사실을 알 수 있었습니까?

_____

_____

_____

왜 예수님을 임마누엘이라고 합니까?

_____

_____

_____

기도

하나님. 하나님은 자기 백성들과 언제나 함께하시는 분입니다. 언제나 동행하시는 분입니다. 하나님께서 저희와 함께하신다는 사실을 잊지 않게 해 주세요. 하나님과 늘 동행하는 삶을 살게 해 주세요. 예수님의 이름으로 기도합니다. 아멘.

40주

우리를 위하여 우리를 인도할 신을 만들라

출애굽기 32장 | 찬송가 301장. 지금까지 지내온 것

> 백성이 모세가 산에서 내려옴이 더딤을 보고 모여
> 백성이 아론에게 이르러 말하되 일어나라
> 우리를 위하여 우리를 인도할 신을 만들라
> 이 모세 곧 우리를 애굽 땅에서 인도하여 낸 사람은
> 어찌 되었는지 알지 못함이니라 (32:1)

모세는 하나님을 만나기 위해서 산으로 갔습니다. 그런데 많은 시간이 지나도 모세는 돌아오지 않았습니다. 백성들은 점점 두려움을 느꼈습니다. 그래서 이스라엘은 우상을 제작했습니다. 우상을 만들어 달라는 백성들의 요구대로, 아론이 황금 송아지를 만들었습니다.

황금 송아지는 애굽의 대표적인 우상이었습니다. 우상을 만들고 우상을 예배하는 것은 하나님께서 가장 싫어하시는 일입니다. 이 일로 인해 이스라엘은 하나님의 심판을 받게 됩니다.

> 모세가 그의 하나님 여호와께 구하여 이르되
> 여호와여 어찌하여 그 큰 권능과 강한 손으로
> 애굽 땅에서 인도하여 내신 주의 백성에게 진노하시나이까 (32:11)

하나님의 심판이 임박했습니다. 이제 이스라엘은 하나님의 심판으로 이 땅에서 사라질 위기에 처했습니다. 바로 그때 모세가 나섰습니다. 모세는 하나님께 기도했습니다. 이스라엘을 구원해 달라고 기도했습니다. 하나님은 모세의 기도를 들으시고 이스라엘을 용서해 주셨습니다. 모세의 기도 때문에 이스라엘은 전멸되지 않았습니다. 기도에는 생명을 살리는 힘이 있습니다. 우리는 복음이 필요한 사람들, 복음을 거부하는 사람들을 위해 기도해야 합니다. 우리의 기도는 그들을 살릴 수 있습니다.

> 레위 자손이 모세의 말대로 행하매 이날에
> 백성 중에 삼천 명가량이 죽임을 당하니라 (32:28)

하나님은 레위 지파 사람들을 심판의 도구로 사용하셨습니다. 자기 죄를 인정하는 자들은 살아남았지만, 자기 죄를 인정하지 않는 자들은 레위 지파의 손에 죽임을 당했습니다. 이때 죽은 사람은 대략 삼천 명 정도입니다. 이들은 끝까지 우상 숭배의 죄를 회개하지 않았기 때문에 하나님의 심판을 받았습니다.

> 모세가 이르되 각 사람이 자기의 아들과
> 자기의 형제를 쳤으니 오늘 여호와께 헌신하게 되었느니라
> 그가 오늘 너희에게 복을 내리시리라 (32:29)

우상 숭배자들은 심판을 받았습니다. 끝까지 죄를 인정하지 않은 자들은 죽음의 형벌을 받았습니다. 그러자 모세는 다음과 같이 말했습니다. "그가 오늘 너희에게 복을 내리시리라." 하나님께서 이스라엘에게 복을 주실 것이라는 뜻입니다. 이처럼 죄를 숨기는 것은 지혜로운 일이 아닙니다. 우리는 죄를 숨기는 대신 자백해야 합니다. 죄를 인정하고 하나님의 용서를 구해야 합니다. 그리고 다시는 같은 죄를 짓지 않기 위해 노력해야 합니다. 그때 하나님의 복이 우리에게 임합니다. 용서하시는 복, 회복하시는 복, 거룩하게 하시는 복이 임합니다.

묵상

왜 이스라엘은 하나님의 심판을 받았습니까?

_____

_____

왜 하나님은 이스라엘을 용서해 주셨습니까?

_____

_____

왜 3천 명은 결국 심판을 받았습니까?

_____

_____

_____

기도

하나님. 하나님은 죄를 싫어하시지만, 저희의 죄를 용서해 주시는 분임을 믿습니다. 죄를 지은 후에는 신속하게 회개하게 해 주세요. 죄를 숨기지 않고 정직하게 자백하게 해 주세요. 그리고 죄와 싸워 이기게 해 주세요. 예수님의 이름으로 기도합니다. 아멘.

일주일에 한 번,
온 가족 말씀 동행 프로젝트

레위기

이는 화제라 여호와께 향기로운 냄새니라

레위기 1장 | 찬송가 315장. 내 주 되신 주를 참 사랑하고

> 이스라엘 자손에게 말하여 이르라 너희 중에
> 누구든지 여호와께 예물을 드리려거든
> 가축 중에서 소나 양으로 예물을 드릴지니라 (1:2)

하나님은 이스라엘을 애굽에서 구출하셨습니다. 그다음 시내 산으로 인도하셨고, 시내 산에서 제사 제도를 가르쳐 주셨습니다. 제사는 이스라엘이 하나님께 나아가는 방법입니다. 이스라엘이 하나님과 교제하는 방법입니다. 따라서 하나님께서 이스라엘을 구원하신 목적은 이스라엘과 특별한 관계가 되는 것입니다. 이스라엘과 가까이 교제하는 것입니다. 하나님께서 우리를 구원하신 목적도 마찬가

지입니다. 하나님은 우리와 특별한 관계가 되기를 원하십니다. 우리와 가까이 지내기를 원하십니다. 우리와 교제하기를 원하십니다.

> 그는 번제물의 머리에 안수할지니
> 그를 위하여 기쁘게 받으심이 되어
> 그를 위하여 속죄가 될 것이라 (1:4)

하나님은 소나 양을 번제물로 바치라고 하셨습니다. 번제는 제물의 일부 또는 전체를 불로 태우는 제사입니다. 이스라엘은 소나 양을 번제물로 바치기 전에 소나 양의 머리에 손을 얹었습니다. 그것을 '안수'라고 합니다. 짐승의 머리에 안수하는 것은 짐승에게 죄를 옮기는 것을 의미합니다. 번제물은 사람의 죄를 뒤집어쓰고 사람 대신 죽었습니다. 따라서 번제물은 예수님을 상징합니다. 번제물이 사람의 죄를 뒤집어쓰고 죽었듯이, 예수님은 우리의 죄를 뒤집어쓰고 십자가에서 죽으셨습니다.

> 그 내장과 정강이를 물로 씻을 것이요
> 제사장은 그 전부를 제단 위에서 불살라 번제를 드릴지니
> 이는 화제라 여호와께 향기로운 냄새니라 (1:9)

번제물을 불로 태우면 연기가 났습니다. 하나님은 번제물에서 올라오는 연기를 향기롭게 여기셨습니다. 이것은 하나님께서 그 제사를 기쁘게 받으신다는 것을 의미합니다. 구약의 신자들은 제사를 통해 하나님을 예배했습니다. 오늘날 우리는 주일 예배를 통해 하나님을 예배합니다. 우리는 하나님께서 기쁘게 받으시는 예배를 드리도록 최선을 다해야 합니다. 주일에는 반드시 하나님을 예배해야 하고,

예배 시간에는 하나님께만 집중해야 합니다.

> 만일 그 예물이 가축 떼의 양이나 염소의 번제이면
> 흠 없는 수컷으로 드릴지니 (1:10)

하나님은 흠 없는 수컷을 번제물로 바치라고 하셨습니다. 가장 좋은
것을 하나님께 바치라고 하셨습니다. 하나님은 세상을 만드신 창조
주요 우리를 죄에서 구원하신 구원자입니다. 따라서 하나님께는 가
장 좋은 것을 받으실 자격이 있습니다. 하나님께 좋은 것을 바치는
방법에는 여러 가지가 있습니다. 교회에서 열심히 봉사하는 것, 어
려운 이웃을 돕는 것, 우리의 수입에서 십분의 일을 하나님께 드리
는 것 등이 하나님께 좋은 것을 바치는 방법입니다.

묵상

하나님께서 이스라엘을 애굽에서 구출하신 목적은
무엇입니까?

_____

_____

_____

제사를 드리기 전에 짐승의 머리에 손을 얹은 이유는
무엇입니까?

_____

_____

_____

기도

하나님. 예수님이 우리 죄를 위한 번제물인 것을 믿습니다. 예
수님이 우리 죄를 뒤집어쓰시고 십자가에서 죽으신 것을 믿습
니다. 예수님 때문에 우리가 죄에서 자유롭게 된 것을 믿습니
다. 그러므로 예수님을 저희의 주님으로 삼고, 예수님을 위해
서 살아가게 해 주세요. 예수님의 이름으로 기도합니다. 아멘.

42주

이런 것은 너희를 부정하게 하나니

레위기 11장 | 찬송가 326장. 내 죄를 회개하고

> 돼지는 굽이 갈라져 쪽발이로되
> 새김질을 못하므로 너희에게 부정하니
> 너희는 이러한 고기를 먹지 말고 그 주검도 만지지 말라
> 이것들은 너희에게 부정하니라 (11:7-8)

하나님은 먹을 수 있는 음식과 먹을 수 없는 음식을 구분하셨습니다. 예를 들어 돼지는 이스라엘 백성이 먹을 수 없는 음식이었습니다. 이렇게 하나님께서 정한 음식과 부정한 음식을 구분하신 이유는 하나님의 백성들을 이방 민족들과 구별하기 위해서였습니다. 이스라엘은 부정한 음식을 먹지 않음으로써 하나님을 믿지 않는 이방 민

족들과 구별되었습니다. 그러나 부정한 음식에 관한 율법은 예수님께서 오신 이후로 없어졌습니다. 지금 하나님의 백성이 되는 방법은 음식이 아니라 믿음입니다. 우리는 믿음으로 구원을 받고, 믿음으로 하나님의 백성이 됩니다.

> 물에서 움직이는 모든 것과 물에서 사는 모든 것
> 곧 강과 바다에 있는 것으로서 지느러미와
> 비늘 없는 모든 것은 너희에게 가증한 것이라 (11:10)

하나님은 물에 사는 생물 중에서 비늘이 없는 것을 먹지 말라고 하셨습니다. 예를 들어 오징어는 물에 사는 생물이지만 비늘이 없으므로 부정한 음식입니다. 하나님께서 정하신 음식과 부정한 음식을 구분한 기준이 무엇인지 우리는 알기 어렵습니다. 한 가지 확실한 것은 이스라엘은 순종을 통해 거룩해졌다는 사실입니다. 하나님은 정한 음식과 부정한 음식을 구분하라고 말씀하셨고, 이스라엘은 그 말씀에 순종하여 거룩해졌습니다. 지금도 거룩함의 기준은 순종입니다. 물론 정한 음식과 부정한 음식을 구분하는 율법은 이제 없어졌습니다. 우리가 지금도 순종해야 하는 율법은 십계명입니다. 우리는 거룩한 사람이 되기 위해 십계명에 순종해야 합니다.

> 이런 것은 너희를 부정하게 하나니 누구든지
> 이것들의 주검을 만지면 저녁까지 부정할 것이며 (11:24)

하나님은 죽은 동물을 만지면 부정하게 된다고 하셨습니다. 죽음은 죄의 결과이기 때문입니다. 하나님은 이스라엘이 죽은 동물을 볼 때마다 죄가 가져온 끔찍한 결과를 알기 원하셨습니다. 그래서 하나님은 죽은 동물 만지는 것을 금하셨습니다. 우리도 마찬가지입니다. 우리는 죄 때문에 세상에 죽음이 들어왔음을 알아야 합니다. 우리는 죄를 멀리하고 미워해야 합니다.

> 나는 너희의 하나님이 되려고
> 너희를 애굽 땅에서 인도하여 낸 여호와라
> 내가 거룩하니 너희도 거룩할지어다 (11:45)

구약 시대와 지금은 거룩하게 되는 방법에 있어서 차이가 있습니다. 구약 시대에는 부정한 음식을 먹지 않고 짐승으로 제사를 드림으로써 거룩해졌습니다. 반면에 지금은 예수님을 믿고 십계명에 순종함으로써 거룩해집니다. 하지만 거룩하게 되어야 하는 목적은 과거나 지금이나 동일합니다. 우리가 거룩한 사람이 되기 위해 노력해야 하는 이유는 우리를 구원하신 하나님께서 거룩하시기 때문입니다. 하나님은 우리와 가까이 지내기를 원하십니다. 하나님과 가까이 지내려면 죄를 멀리하고 거룩해야 합니다.

묵상

왜 하나님은 부정한 음식과 정한 음식을 구분하셨습니까?

_____

_____

_____

_____

거룩한 사람이 되기 위해 어떤 노력을 해야 합니까?

_____

_____

_____

_____

기도

거룩하신 하나님. 저희도 하나님처럼 거룩한 사람이 되기를
원합니다. 하나님의 말씀을 가까이하고 믿음으로 그 말씀에
순종하여, 날마다 거룩한 삶을 살게 해 주세요. 예수님의 이름
으로 기도합니다. 아멘.

43주

너희는 거룩하라 이는
나 여호와 너희 하나님이 거룩함이니라

레위기 19장 | 찬송가 338장. 내 주를 가까이하게 함은

> 너희는 거룩하라 이는
> 나 여호와 너희 하나님이 거룩함이니라
> 너희 각 사람은 부모를 경외하고
> 나의 안식일을 지키라 (19:2-3)

하나님은 우리에게 거룩한 사람이 되라고 하십니다. 거룩한 사람이 되기 위해서는 하나님을 사랑할 뿐만 아니라 우리 곁에 있는 사람들도 사랑해야 합니다. 하나님은 우리가 가장 먼저 사랑해야 할 사람이 부모라고 말씀하십니다. 그 이유는 다음과 같습니다. 첫째, 하나

님은 부모를 통해 우리를 돌보시기 때문입니다. 둘째, 우리는 부모에게 순종하는 것을 통해 하나님께 순종하는 것을 배울 수 있기 때문입니다. 셋째, 부모의 권위는 하나님께서 주신 것이기 때문입니다. 따라서 우리는 부모에게 순종하고, 부모를 기쁘게 하고, 부모를 존경하는 삶을 살아야 합니다.

> 네 포도원의 열매를 다 따지 말며
> 네 포도원에 떨어진 열매도 줍지 말고
> 가난한 사람과 거류민을 위하여 버려두라
> 나는 너희의 하나님 여호와이니라 (19:10)

거룩한 사람이 되기 위해서는 하나님을 사랑할 뿐만 아니라 우리 곁에 있는 사람들도 사랑해야 합니다. 특히 가난한 사람들을 사랑해야 합니다. 하나님은 이스라엘에게 밭의 열매를 모두 따지 말고 가난한 사람들이 먹을 수 있도록 조금 남겨 두라고 하셨습니다. 우리가 가진 모든 것은 하나님께서 주신 것입니다. 우리의 재산은 하나님의 뜻대로 사용해야 합니다. 하나님의 뜻은 가난한 사람들을 돕는 일에 우리의 물질을 사용하는 것입니다. 우리가 도와야 할 가난한 사람이 누구인지 생각해 봅시다.

> 너희는 도둑질하지 말며 속이지 말며
> 서로 거짓말하지 말며 (19:11)

우리는 하나님의 백성입니다. 우리는 세상 사람들과 구별된 삶을 살아야 합니다. 세상 사람들과는 다른 말과 행동을 해야 합니다. 하나님을 믿지 않는 세상 사람들은 자신의 이익을 위해 다른 사람을 속이고 다른 사람에게 피해를 줍니다. 우리는 하나님의 백성이므로 그런 행동을 해서는 안 됩니다. 하나님께 받은 사랑을 다른 사람에게 나누어 주어야 합니다. 피해를 주기보다 도움을 주어야 합니다. 우리는 상처 주는 말을 하기보다 기쁨을 주는 말을 해야 합니다.

> 너희는 신접한 자와 박수를 믿지 말며
> 그들을 추종하여 스스로 더럽히지 말라
> 나는 너희 하나님 여호와이니라 (19:31)

하나님은 무당을 찾지 말라고 하셨습니다. 무당은 귀신 들린 사람입니다. 무당을 찾는 것은 하나님을 의지하지 않고 귀신을 의지하는 것입니다. 재미로 점을 보는 것도 마찬가지입니다. 우리의 운명과 미래의 일을 가르쳐 준다고 하는 사람들은 거짓말쟁이거나 귀신 들린 사람입니다. 그런 사람들을 가까이하는 것은 우리 자신을 더럽히는 행동입니다.

묵상

우리가 가장 먼저 사랑해야 할 사람은 누구입니까?

_____

_____

_____

거룩한 사람이 되기 위해서 특히 어떤 사람들을
사랑해야 합니까?

_____

_____

기도

거룩하신 하나님. 저희도 하나님처럼 거룩한 사람이 되기를
원합니다. 거룩한 사람이 되기 위해 우리 곁에 있는 사람들을
사랑하게 해 주세요. 상처를 주기보다 기쁨을 주는 말과 행동
을 하게 해 주세요. 특히 부모님과 가난한 자들에게 함부로 하
지 않고, 그들을 더욱 사랑하며 도움을 줄 수 있는 사람이 되게
해 주세요. 예수님의 이름으로 기도합니다. 아멘.

44주

아버지나 어머니를 저주하는 자는 반드시 죽일지니

레위기 20장 | 찬송가 342장. 너 시험을 당해

> 너는 이스라엘 자손에게 또 이르라
> 그가 이스라엘 자손이든지
> 이스라엘에 거류하는 거류민이든지
> 그의 자식을 몰렉에게 주면 반드시 죽이되
> 그 지방 사람이 돌로 칠 것이요 (20:2)

하나님은 다음과 같은 죄를 짓는 자들은 반드시 죽여야 한다고 말씀 하셨습니다. 첫째, 우상을 숭배하는 사람입니다. 하나님은 몰렉에 게 자식을 주는 사람은 반드시 죽이라고 하셨습니다. 이것은 몰렉

숭배를 금지하는 것입니다. 몰렉은 가나안 지방에서 숭배되었던 신입니다. 특히 모압 사람들이 몰렉을 열심히 숭배했습니다. 그런데 이와 같은 율법은 구약 이스라엘에서 통용되었던 사회법이므로, 지금은 문자 그대로 따라서는 안 됩니다. 종교가 다른 사람을 해치거나 피해를 주는 것은 국가가 범죄로 정한 일입니다. 다만 우리는 이 율법을 통해 하나님께서 우상 숭배를 싫어하신다는 사실을 알 수 있습니다.

> 만일 누구든지 자기의 아버지나 어머니를
> 저주하는 자는 반드시 죽일지니
> 그가 자기의 아버지나 어머니를 저주하였은즉
> 그의 피가 자기에게로 돌아가리라 (20:9)

하나님은 부모를 저주하는 자는 반드시 죽여야 한다고 말씀하셨습니다. 이 율법 역시 구약 이스라엘에서 통용되었던 사회법이므로, 지금은 문자 그대로 따라서는 안 됩니다. 다만 우리는 이 율법을 통해 부모에게 순종하지 않는 사람을 하나님께서 싫어하신다는 사실을 알 수 있습니다. 부모의 권위는 하나님께서 주신 것입니다. 따라서 부모에게 순종하지 않는 것은 하나님께 순종하지 않는 것과 같습니다. 하나님의 뜻을 어기는 일이 아니라면 부모의 말씀에 복종해야 합니다.

> 누구든지 여인과 동침하듯 남자와 동침하면
> 둘 다 가증한 일을 행함인즉 반드시 죽일지니
> 자기의 피가 자기에게로 돌아가리라 (20:13)

하나님은 동성애자를 죽이라고 하셨습니다. 이 율법은 구약 이스라엘에서 통용되었던 사회법이므로, 지금은 문자 그대로 따라서는 안 됩니다. 다만 우리는 이 율법을 통해 동성애 행위를 하나님께서 싫어하신다는 사실을 알 수 있습니다. 남자는 여자를, 여자는 남자를 이성으로 사랑하는 것이 하나님의 뜻입니다. 남자와 여자가 혼인하여 가정을 이루는 것이 하나님의 뜻입니다. 남자와 남자, 그리고 여자와 여자가 서로 사랑하는 동성애는 하나님의 뜻을 어기는 일이고, 하나님께서 정하신 창조 질서를 깨뜨리는 행위입니다.

> 나는 너희를 만민 중에서 구별한
> 너희의 하나님 여호와이니라 (20:24)

우리는 하나님의 백성입니다. 하나님은 우리를 세상에서 구별하셨습니다. 따라서 우리는 세상 사람들과 구별된 삶을 살아야 합니다. 세상 사람들과 다른 말, 세상 사람들과 다른 행동을 해야 합니다. 세상 사람들은 종교의 자유가 있다고 말하지만, 우리는 하나님만 섬겨야 합니다. 세상 사람들은 부모를 저주하기도 하지만, 우리는 부모를 공경해야 합니다. 세상 사람들은 동성애를 인정하지만, 우리는 동성애를 멀리해야 합니다.

묵상

우상 숭배자를 죽이라는 말씀을 통해 무엇을 알 수 있습니까?

부모를 저주하는 자를 죽이라는 말씀을 통해
무엇을 알 수 있습니까?

기도

하나님. 하나님은 부모를 공경하고 부모에게 순종하라고 하셨
습니다. 하나님께 순종하는 마음으로 부모에게 순종하게 해
주세요. 부모를 공경함으로써 하나님께 순종하게 해 주세요.
예수님의 이름으로 기도합니다. 아멘.

일주일에 한 번,
온 가족 말씀 동행 프로젝트

민수기

45주

계수된 자의 총계는 육십만 삼천오백오십 명이었더라

민수기 1장 | 찬송가 351장. 믿는 사람들은 주의 군사니

> 이스라엘 중 이십 세 이상으로 싸움에 나갈 만한
> 모든 자를 너와 아론은 그 진영별로 계수하되 (1:3)

하나님은 이스라엘의 인구 조사를 명령하셨습니다. 하나님은 20세 이상의 남자 중에서 전쟁에 나갈 사람을 조사하라고 하셨습니다. 이처럼 이스라엘은 하나님의 군대입니다. 이스라엘은 하나님의 군대로서 하나님을 위해 싸워야 합니다. 우리도 마찬가지입니다. 하나님은 우리를 하나님의 군대로 부르셨습니다. "너는 그리스도 예수의 좋은 병사로 나와 함께 고난을 받으라"(딤후 2:3). 우리가 하나님의 군대가 되는 방법은 하나님의 말씀에 순종하는 것입니다. 우리가

하나님의 말씀에 순종함으로, 세상 나라가 무너지고 하나님 나라가 세워집니다.

> 너희와 함께 설 사람들의 이름은 이러하니
> 르우벤 지파에서는 스데울의 아들 엘리술이요 (1:5)

하나님은 군대 지휘관을 직접 선정하셨습니다. 예를 들어 하나님은 엘리술을 르우벤 지파의 지휘관으로 선정하셨고, 나손을 유다 지파의 지휘관으로 선정하셨습니다. 하나님께서 직접 지휘관을 선정하는 것을 통해, 하나님이 이스라엘의 최고 지휘관임을 알 수 있습니다. 가정과 교회도 마찬가지입니다. 가정의 최고 지휘관은 하나님입니다. 교회의 최고 지휘관도 하나님입니다. 우리는 최고 지휘관이신 하나님의 뜻에 복종하는 가정과 교회가 되어야 합니다.

> 계수된 자의 총계는
> 육십만 삼천오백오십 명이었더라 (1:46)

인구 조사가 마무리되었습니다. 이스라엘의 인구는 20세 이상의 남자만 603,550명이나 되었습니다. 여자와 노인, 20세 이하의 아이들까지 포함하면 200만 명이 넘을 것이 확실합니다. 야곱이 가족을 이끌고 애굽으로 갔을 때, 그들은 고작 70명밖에 되지 않았습니다. 그런데 애굽을 떠나 가나안으로 돌아가는 지금, 이스라엘은 200만 명이 넘는 큰 민족이 되었습니다. 이것은 하나님께서 아브라함에게 하신 약속을 이루신 결과입니다. "하늘을 우러러 뭇별을 셀 수 있나 보라 또 그에게 이르시되 네 자손이 이와 같으리라"(창 15:5)라고 하신 하나님의 약속대로 아브라함의 후손은 하늘의 별처럼 많아졌습니다.

> 너는 레위 지파만은 계수하지 말며
> 그들을 이스라엘 자손 계수 중에 넣지 말고 (1:49)

하나님은 레위 지파의 수는 세지 말라고 하셨습니다. 레위 지파는 싸움에서 제외되기 때문입니다. 대신 레위 지파는 다른 일을 해야 합니다. 성막에서 봉사하는 일입니다. 성막에서 하나님을 예배하고, 다른 지파가 하나님 섬기는 것을 돕는 일입니다. 우리는 여기서 하나님을 예배하는 일이 전쟁에서 싸우는 일만큼 중요하다는 것을 알 수 있습니다. 전쟁에서 싸우는 동안에도 하나님을 예배하는 일을 중단하지 말아야 한다는 것을 알 수 있습니다. 따라서 우리는 매일 하나님과 교제해야 합니다. 아무리 바빠도 묵상과 기도를 빠뜨리지 말아야 합니다.

묵상

우리가 하나님의 군대가 되어 세상과 싸우는 방법은
무엇입니까?

가정과 교회의 최고 지휘관은 누구입니까?

기도

하나님. 우리는 하나님의 군대이며, 하나님은 우리의 최고 지휘
관이십니다. 하나님을 위해 싸우는 삶을 살기 원합니다. 믿음으
로 세상을 이기며, 타락한 세상 가운데 거룩한 하나님 나라를
세워 가게 해 주세요. 예수님의 이름으로 기도합니다. 아멘.

46주

우리가 곧 올라가서 그 땅을 취하자 능히 이기리라

민수기 13–14장 | 찬송가 357장. 주 믿는 사람 일어나

> 여호와께서 모세에게 말씀하여 이르시되
> 사람을 보내어 내가 이스라엘 자손에게 주는
> 가나안 땅을 정탐하게 하되 그들의 조상의 가문
> 각 지파 중에서 지휘관 된 자 한 사람씩 보내라 (13:1–2)

하나님은 12명의 정탐꾼을 선정하여 가나안 땅을 정탐하라고 하셨습니다. 12명의 정탐꾼은 가나안을 구석구석 정탐했습니다. 12명의 정탐꾼은 하나님의 말씀이 사실임을 확인했습니다. 하나님의 말씀처럼 가나안은 젖과 꿀이 흐르는 땅이었습니다(13:27). 이제 이스라엘은 하나님의 명령에 순종해야 했습니다. 그리고 가나안 정복 전쟁

을 시작해야 했습니다.

> 그러나 그 땅 거주민은 강하고
> 성읍은 견고하고 심히 클 뿐 아니라
> 거기서 아낙 자손을 보았으며 (13:28)

가나안을 정탐하고 돌아온 정탐꾼들은 하나님의 말씀이 사실임을 확인했습니다. 가나안이 젖과 꿀이 흐르는 풍요로운 땅임을 확인했습니다. 그런데 정탐꾼들은 다른 사실도 알게 되었습니다. 가나안에 사는 사람들은 이스라엘보다 훨씬 강하고, 그들의 성읍도 심히 견고하다는 사실을 알게 되었습니다. 그래서 정탐꾼들은 이스라엘이 가나안을 정복할 수 없다고 주장하기 시작했습니다. 가나안 정복 전쟁을 포기해야 한다고 주장하기 시작했습니다.

> 갈렙이 모세 앞에서 백성을
> 조용하게 하고 이르되 우리가 곧 올라가서
> 그 땅을 취하자 능히 이기리라 하나 (13:30)

열 명의 정탐꾼은 가나안 정복 전쟁을 포기해야 한다고 주장했습니다. 가나안 사람들이 너무 강하기 때문에, 전쟁에서 이길 수 없다고 주장했습니다. 이때 갈렙과 여호수아가 반대 주장을 펼쳤습니다. 두 사람은 능히 이길 수 있다고 주장했습니다. 하나님이 우리와 함께하시기 때문에 전쟁에서 능히 승리할 수 있다고 주장했습니다. 하지만 백성들은 갈렙과 여호수아의 말을 듣지 않았습니다. 그들은 도리어 하나님과 모세를 원망했습니다.

> 너희는 그 땅을 정탐한 날 수인
>
> 사십 일의 하루를 일 년으로 쳐서
>
> 그 사십 년간 너희의 죄악을 담당할지니
>
> 너희는 그제서야 내가 싫어하면
>
> 어떻게 되는지를 알리라 하셨다 하라 (14:34)

원망하는 이스라엘 앞에 하나님께서 나타나셨습니다. 하나님은 이스라엘에게 심판을 선언하셨습니다. 하나님은 이스라엘이 40년 동안 광야를 방황할 것이라고 하셨습니다. 불순종한 자들은 모두 광야에서 죽을 것이라고 하셨습니다. 실제로 여호수아와 갈렙 두 사람을 제외하고 출애굽을 경험한 사람 중 누구도 가나안에 들어가지 못했습니다. 하나님을 원망한 사람 전부가 가나안에 들어가지 못하고 광야에서 죽었습니다.

묵상

왜 정탐꾼들은 가나안 정복 전쟁을 포기하자고 말했습니까?

왜 갈렙과 여호수아는 가나안 사람들과 싸워서
이길 수 있다고 생각했습니까?

기도

하나님. 우리는 부족합니다. 우리는 미련합니다. 하지만 하나
님께서 함께하시면 우리는 하나님의 뜻을 행할 수 있습니다.
하나님의 말씀대로 순종하면 하나님의 뜻이 이루어질 줄 믿습
니다. 하나님께서 주시는 힘과 지혜로 하나님의 뜻을 행하게
해 주세요. 예수님의 이름으로 기도합니다. 아멘.

47주

내가 택한 자의 지팡이에는 싹이 나리니

민수기 16-17장 | 찬송가 364장. 내 기도하는 그 시간

> 레위의 증손 고핫의 손자 이스할의 아들 고라와
> 르우벤 자손 엘리압의 아들 다단과 아비람과
> 벨렛의 아들 온이 당을 짓고 이스라엘 자손 총회에서
> 택함을 받은 자 곧 회중 가운데에서 이름 있는
> 지휘관 이백오십 명과 함께 일어나서 모세를 거스르니라 (16:1-2)

하나님은 레위 지파에게 성막에서 봉사하는 특권을 주셨습니다. 하지만 레위 지파라고 해서 누구나 제사장이 될 수 있는 것은 아니었습니다. 오직 아론의 자손만 제사장이 될 수 있었습니다. 레위 지파 가운데 여기에 불만을 품은 사람들이 있었습니다. 약 250명의 사람

이 모세에게 불만을 제기했습니다. 그들의 지도자는 '고라'라고 하는 사람이었습니다. 모세는 그들이 분수에 지나친 행동을 하고 있다고 경고했습니다(7절). 사실입니다. 교회 안에서 더 높고 더 낮은 직분은 없습니다. 하나님을 위해서 하는 봉사는 어떤 일이든 중요한 일입니다. 고라는 비교하기를 그치고 자신의 직분에 만족해야 했습니다.

> 고라가 온 회중을 회막 문에 모아 놓고
> 그 두 사람을 대적하려 하매
> 여호와의 영광이 온 회중에게 나타나시니라 (16:19)

고라는 사람들 앞에서 모세를 비난했습니다. 고라는 지도자인 모세를 깎아내렸습니다. 심지어 고라는 사람들을 모아 놓고 모세를 공격하려고 했습니다. 바로 그때 하나님께서 나타나셨습니다. 모세를 보호하기 위해 찾아오셨습니다. 우리도 모세처럼 누군가로부터 공격과 비난을 받을 때가 있습니다. 그럴 때마다 모세를 찾아오신 하나님을 기억합시다. 모세를 보호하신 하나님께서 우리도 보호해 주실 것입니다.

> 내가 택한 자의 지팡이에는 싹이 나리니
> 이것으로 이스라엘 자손이 너희에게 대하여
> 원망하는 말을 내 앞에서 그치게 하리라 (17:5)

하나님은 열두 지파의 지도자들에게 지팡이를 가져오라고 하셨습니다. 하나님께서 택하신 지도자의 지팡이에는 싹이 나게 하신다고 하셨습니다. 사실 지팡이에서 싹이 나는 것은 있을 수 없는 일입니다. 지팡이는 이미 죽은 나무이기 때문입니다. 그런데 아론의 지팡이에서 싹이 났습니다. 이것은 하나님께서 행하신 기적이었습니다. 하나님은 이 기적을 통해 하나님께서 친히 모세와 아론을 택하셨음을 보여 주셨습니다. 아론의 후손에게만 제사장의 자격이 있음을 보여 주셨습니다. 하나님께서 모세와 아론을 택하셨듯이 하나님은 우리도 택하셨습니다. 우리는 택함받은 하나님의 백성이며, 택함받은 하나님의 자녀입니다. 우리에게 하나님의 백성이라는 자격, 하나님의 자녀라는 자격이 있다는 사실을 기억하고 감사합시다.

묵상

고라는 왜 모세와 아론을 비난하고 공격했습니까?

_____

_____

_____

하나님은 왜 아론의 지팡이에서 싹이 나게 하셨습니까?

_____

_____

_____

_____

기도

하나님. 하나님께서 모세와 아론을 택하신 것처럼 우리도 택하셨음을 믿습니다. 우리를 하나님의 백성으로 택하시고, 하나님의 자녀로 택하여 주셔서 감사합니다. 하나님의 백성이자 자녀답게 거룩한 삶을 살아가게 해 주세요. 예수님의 이름으로 기도합니다. 아멘.

놋뱀을 쳐다본즉 모두 살더라

민수기 21장 | 찬송가 366장. 어두운 내 눈 밝히사

> 이스라엘이 여호와께 서원하여 이르되
>
> 주께서 만일 이 백성을 내 손에 넘기시면
>
> 내가 그들의 성읍을 다 멸하리이다
>
> 여호와께서 이스라엘의 목소리를 들으시고
>
> 가나안 사람을 그들의 손에 넘기시매
>
> 그들과 그들의 성읍을 다 멸하니라
>
> 그러므로 그곳 이름을 호르마라 하였더라 (21:2-3)

40년 전 이스라엘은 가나안 사람들을 두려워했습니다. 이스라엘은 가나안 사람들이 두려워서 싸워 보지도 않고 돌아가려고 했습니다. 하지만 이제는 달라졌습니다. 이스라엘은 전쟁을 앞두고 하나님께

기도했습니다. 하나님은 이스라엘의 기도를 들으시고 그들에게 승리를 주셨습니다. 우리에게는 기도라는 무기가 있습니다. 우리의 힘으로는 할 수 없지만, 기도에 응답하시는 하나님과 함께하면 할 수 있습니다.

> 백성이 하나님과 모세를 향하여 원망하되
> 어찌하여 우리를 애굽에서 인도해 내어
> 이 광야에서 죽게 하는가 이곳에는
> 먹을 것도 없고 물도 없도다
> 우리 마음이 이 하찮은 음식을 싫어하노라 하매
> 여호와께서 불뱀들을 백성 중에 보내어
> 백성을 물게 하시므로
> 이스라엘 백성 중에 죽은 자가 많은지라 (21:5-6)

40년이 지났지만, 원망하는 습관은 사라지지 않았습니다. 이스라엘은 먹을 것과 마실 것이 부족하자 또다시 하나님을 원망했습니다. 그러자 하나님은 불뱀을 보내셨습니다. 불뱀은 무서운 독이 있는 뱀입니다. 많은 사람이 불뱀에게 물려서 생명을 잃었습니다. 하나님은 불뱀으로 심판하실 만큼 원망하는 것을 싫어하십니다. 우리가 해야 할 것은 감사와 찬양이지 원망과 불평이 아닙니다.

> 백성이 모세에게 이르러 말하되
>
> 우리가 여호와와 당신을 향하여 원망함으로
>
> 범죄하였사오니 여호와께 기도하여
>
> 이 뱀들을 우리에게서 떠나게 하소서
>
> 모세가 백성을 위하여 기도하매
>
> 여호와께서 모세에게 이르시되 불뱀을 만들어
>
> 장대 위에 매달아라 물린 자마다 그것을 보면 살리라
>
> 모세가 놋뱀을 만들어 장대 위에 다니
>
> 뱀에게 물린 자가 놋뱀을 쳐다본즉 모두 살더라 (21:7-9)

이스라엘은 자신들의 죄를 깨닫고 모세에게 기도를 부탁했습니다. 모세는 이스라엘을 위해 기도했습니다. 그러자 하나님은 모세의 기도를 들으시고, 구원 얻는 방법을 알려 주셨습니다. 하나님은 놋으로 만든 뱀을 쳐다본 사람만이 불뱀에게 물려도 살 수 있다고 하셨습니다. 하나님의 말씀을 믿고 놋뱀을 쳐다본 사람은 모두 살았지만, 끝까지 하나님을 믿지 않은 사람은 결국 죽음을 맞이했습니다. 이를 두고서 예수님은 이스라엘이 쳐다본 놋뱀이 예수님을 상징하는 것이라고 하셨습니다(요 3:14). 놋뱀을 쳐다본 사람들이 모두 살았듯이, 예수님을 구원자로 바라보는 사람만이 구원을 얻습니다.

묵상

하나님께서 이스라엘에게 불뱀을 보내신 이유는 무엇입니까?

_____

_____

_____

_____

예수님은 놋뱀이 무엇을 상징한다고 하셨습니까?

_____

_____

_____

_____

기도

하나님. 놋뱀을 쳐다본 사람만이 살았듯이, 예수님을 구원자
로 믿는 사람만이 구원 얻음을 믿습니다. 우리에게 예수님을
믿는 믿음을 주세요. 예수님을 잠시도 떠나지 않고 잘 믿으며
살게 해 주세요. 예수님의 이름으로 기도합니다. 아멘.

일주일에 한 번,
온 가족 말씀 동행 프로젝트

신명기

49주

오늘부터 내가 천하 만민이 너를 무서워하며 너를 두려워하게 하리니

신명기 2장 | 찬송가 368장. 주 예수여 은혜를

> 여호와께서 내게 말씀하여 이르시되
> 너희가 이 산을 두루 다닌 지 오래니
> 돌이켜 북으로 나아가라 (2:2-3)

이스라엘은 40년 전에 하나님의 말씀을 어겼습니다. 이스라엘은 가나안 사람들이 두려워서 가나안을 정복하라는 하나님의 말씀에 불순종했습니다. 그 결과 이스라엘은 40년 동안 광야를 방황하는 벌을 받았습니다. 그리고 40년이 지났습니다. 형벌의 때가 지나고 정복의 때가 다가왔습니다. 하나님은 자기 백성 이스라엘을 다시 가나안으로 인도하십니다. 이제 이스라엘은 약속의 땅 가나안을 향해 나아갑니다.

> 네 하나님 여호와께서 네가 하는 모든 일에
> 네게 복을 주시고 네가 이 큰 광야에 두루 다님을 알고
> 네 하나님 여호와께서 이 사십 년 동안을 너와 함께하셨으므로
> 네게 부족함이 없었느니라 하시기로 (2:7)

광야는 먹을 것과 마실 것이 부족한 곳입니다. 광야는 사람이 살 수 없는 곳입니다. 그런데 이스라엘은 광야에서 무려 40년을 살았습니다. 그 비결은 하나님께서 이스라엘과 함께하셨기 때문입니다. 하나님께서 이스라엘에게 먹을 것과 마실 것을 주셨기 때문입니다. 추운 밤에는 불기둥으로 함께하셨고, 뜨거운 낮에는 구름 기둥으로 함께하셨기 때문입니다. 우리 인생도 광야와 같습니다. 광야 같은 인생을 살기 위해서는 하나님의 은혜가 필요합니다. 하나님 없이 살 수 있을 것처럼 생각해서는 안 됩니다. 하나님의 은혜만이 우리로 하여금 광야 같은 인생을 살아 내게 합니다.

> 오늘부터 내가 천하 만민이 너를 무서워하며
> 너를 두려워하게 하리니 그들이 네 명성을 듣고 떨며
> 너로 말미암아 근심하리라 하셨느니라 (2:25)

하나님은 천하 만민이 이스라엘을 두려워하게 하셨습니다. 그리고 이스라엘을 강하게 하셨습니다. 이처럼 높아지고 낮아지는 것은 하나님께 달린 일입니다. 하나님께서 높이시고, 하나님께서 낮추십니다. 그러므로 우리는 겸손해야 합니다. 하나님은 겸손한 자를 높이

시고, 교만한 자를 낮추십니다. "그러므로 일렀으되 하나님이 교만한 자를 물리치시고 겸손한 자에게 은혜를 주신다 하였느니라"(약 4:6).

> 그때에 여호와께서 내게 이르시되
> 내가 이제 시혼과 그의 땅을 네게 넘기노니
> 너는 이제부터 그의 땅을 차지하여
> 기업으로 삼으라 하시더니 (2:31)

이스라엘은 시혼 사람들과 싸웠습니다. 군사력은 시혼 사람들이 훨씬 강했습니다. 이스라엘은 40년 동안 광야를 방황했기에, 시혼 사람들과 싸울 만한 무기도 제대로 갖추지 못한 상태였습니다. 하지만 이스라엘은 시혼과의 전쟁에서 승리했습니다. 하나님께서 승리를 주셨기 때문입니다. 죄와 싸우는 것도 마찬가지입니다. 사탄은 날마다 우리가 죄를 짓도록 유혹합니다. 사탄과의 싸움에서 이기기 위해서는 하나님의 은혜가 필요합니다. 하나님의 도움을 구할 때, 우리는 사탄과의 싸움에서 승리할 수 있습니다.

묵상

어떻게 이스라엘은 광야에서 40년을 생존할 수 있었습니까?

우리를 높이기도 하시고 낮추기도 하시는 분은 누구입니까?

기도

하나님. 사탄은 날마다 우리를 유혹합니다. 날마다 죄를 짓도록 유혹합니다. 사탄의 유혹을 이길 수 있도록 은혜를 베풀어 주세요. 말씀을 더욱 붙들고, 강하고 담대하게 싸워, 이 전쟁에서 승리하게 해 주세요. 예수님의 이름으로 기도합니다. 아멘.

이스라엘아 듣고 삼가 그것을 행하라

신명기 6장 | 찬송가 375장. 나는 갈 길 모르니

> 이스라엘아 듣고 삼가 그것을 행하라
>
> 그리하면 네가 복을 받고 네 조상들의 하나님 여호와께서
>
> 네게 허락하심 같이 젖과 꿀이 흐르는 땅에서 네가 크게 번성하리라 (6:3)

하나님은 십계명을 행하라고 하셨습니다. 십계명을 행하면 가나안 땅에서 크게 번성한다고 하셨습니다. 이처럼 하나님의 복을 얻는 방법은 하나님의 말씀에 순종하는 것입니다. 하나님의 말씀보다 더 중요한 것은 없습니다. 우리는 최선을 다해서 하나님의 말씀에 순종해야 합니다.

> 이스라엘아 들으라 우리 하나님 여호와는
> 오직 유일한 여호와이시니 너는 마음을 다하고
> 뜻을 다하고 힘을 다하여 네 하나님 여호와를 사랑하라 (6:4-5)

하나님은 유일한 여호와입니다. 하나님은 유일한 신입니다. 하나님과 비교할 수 있는 대상은 없습니다. 하나님과 같은 존재는 없습니다. 그러므로 우리는 하나님을 가장 사랑해야 합니다. 하나님을 사랑하되 마음과 뜻과 힘을 다해서 사랑해야 합니다. 대충 사랑하는 것이 아니라 최선을 다해서 사랑해야 합니다. 하나님을 사랑하는 방법은 하나님의 말씀에 순종하는 것입니다. "누구든지 그의 말씀을 지키는 자는 하나님의 사랑이 참으로 그 속에서 온전하게 되었나니"(요일 2:5).

> 너는 조심하여 너를 애굽 땅 종 되었던 집에서
> 인도하여 내신 여호와를 잊지 말고 (6:12)

이제 이스라엘은 가나안 땅에 들어가게 될 것입니다. 가나안은 광야와는 비교할 수 없이 살기 좋은 곳입니다. 가나안은 광야와 달리 먹을 것과 마실 것이 풍성한 곳입니다. 그런 점에서 가나안은 위험한 곳입니다. 사람은 환경이 좋아지면, 하나님을 잊어버리는 악한 본성을 가지고 있기 때문입니다. 그래서 하나님은 경고하셨습니다. 하나님을 잊지 말라고 경고하셨습니다. 현대에는 재미나고 즐거운 것들이 많습니다. 참 살기 좋은 시대입니다. 세상 즐거움에 마음을 빼앗겨 하나님을 잊지 않도록 조심해야 합니다.

> 너희는 다른 신들 곧 네 사면에 있는
> 백성의 신들을 따르지 말라
> 너희 중에 계신 너희의 하나님 여호와는
> 질투하시는 하나님이신즉
> 너희의 하나님 여호와께서 네게 진노하사
> 너를 지면에서 멸절시키실까 두려워하노라 (6:14-15)

하나님은 이스라엘에게 가나안 신들을 섬기지 말라고 하셨습니다. 만약 이스라엘이 가나안 신들을 섬기면, 하나님께서 이스라엘에게 진노하시고 이스라엘을 심판하신다고 하셨습니다. 현대인들은 돈을 신처럼 생각합니다. 돈을 사랑하고, 돈을 예배합니다. 돈이 우리를 구원하고, 돈이 우리를 행복하게 한다고 생각합니다. 만약 우리가 돈을 하나님처럼 생각한다면, 돈을 하나님보다 더 사랑한다면, 하나님의 진노가 우리에게 임할 것입니다. 하나님께서 우리를 심판하실 것입니다.

묵상

하나님을 사랑하는 방법은 무엇입니까?

왜 가나안은 위험한 곳입니까?

기도

하나님. 하나님은 말씀에 순종하는 자에게 복을 주신다고 믿습니다. 순종은 곧 신뢰요 사랑이기 때문입니다. 내 생각, 내 판단, 내 경험을 따르기보다 하나님의 말씀에 순종하여 하나님께서 주시는 복을 받게 해 주세요. 예수님의 이름으로 기도합니다. 아멘.

네가 네 하나님 여호와의 말씀을 청종하면
이 모든 복이 네게 임하며

신명기 28장 | 찬송가 382장. 너 근심 걱정 말아라

네가 네 하나님 여호와의 말씀을 삼가 듣고
내가 오늘 네게 명령하는 그의 모든 명령을 지켜 행하면
네 하나님 여호와께서 너를 세계 모든 민족 위에
뛰어나게 하실 것이라 (28:1)

누구나 복 받기를 원합니다. 하지만 누가 복을 주시는지 알지 못하는 사람들이 많습니다. 성경은 하나님께서 복을 주신다고 말합니다. 하나님이 복의 근원입니다. 따라서 우리는 하나님의 말씀에 순종해야 합니다. 하나님의 명령을 지켜 행해야 합니다. 어떤 사람들

은 성공하기 위해 하나님을 떠납니다. 성공하기 위해 하나님의 말씀을 어깁니다. 참 미련한 사람들입니다. 오직 하나님만이 우리에게 복을 주십니다. 하나님 안에서만 진정한 복을 누릴 수 있습니다. 하나님이 없는 곳에는 복도 없습니다.

> 네가 네 하나님 여호와의 말씀을 청종하면
> 이 모든 복이 네게 임하며 네게 이르리니
> 성읍에서도 복을 받고 들에서도 복을 받을 것이며 (28:2-3)

하나님께서 주시는 복은 한계가 없습니다. 하나님은 성에서도 복을 주시고, 들에서도 복을 주십니다. 우리가 어떤 상황에 있든지 하나님은 우리에게 복을 주실 수 있습니다. 그렇다면 우리는 누구에게 순종해야 할까요? 우리는 누구를 위해서 살아야 할까요? 당연히 하나님께 순종해야 합니다. 하나님을 위해서 살아야 합니다.

> 여호와께서 너를 대적하기 위해 일어난 적군들을
> 네 앞에서 패하게 하시리라
> 그들이 한 길로 너를 치러 들어왔으나
> 네 앞에서 일곱 길로 도망하리라 (28:7)

애굽은 이스라엘과 비교할 수 없이 큰 나라입니다. 애굽의 군대는 이스라엘의 군대와 비교할 수 없이 강한 군대입니다. 하지만 애굽은 이스라엘에게 패배했습니다. 이스라엘의 군대는 애굽의 군대와 싸워서 승리했습니다. 그 이유는 하나님께서 이스라엘과 함께하셨기 때문입니다. 하나님께서 이스라엘을 위해서 싸우셨기 때문입니다. 하나님과 함께하는 나라가 가장 강한 나라입니다. 하나님께서 함께하시는 군대가 가장 강한 군대입니다. 하나님은 말씀에 순종하는 자들과 함께하십니다. 하나님은 말씀에 순종하는 자들에게 힘을 주십니다. 하나님은 말씀에 순종하는 자들에게 승리를 주십니다.

> 여호와께서 명령하사 네 창고와
> 네 손으로 하는 모든 일에 복을 내리시고
> 네 하나님 여호와께서 네게 주시는
> 땅에서 네게 복을 주실 것이며 (28:8)

세상 사람들은 성공하기 위해서 잘못된 방법을 사용하곤 합니다. 승리하기 위해서 나쁜 방법을 사용하기도 합니다. 하지만 우리는 성공하기 위해서 잘못된 방법을 사용해서는 안 됩니다. 승리하기 위해서 나쁜 방법을 사용해서는 안 됩니다. 우리는 하나님의 말씀을 따라서 살아야 합니다. 하나님의 말씀이 우리 삶의 기준이 되어야 합니다. 그러면 하나님께서 우리에게 복을 주실 것입니다. 그러면 하나님께서 우리에게 승리를 주실 것입니다.

묵상

우리에게 복을 주시는 분은 누구입니까?

_____

_____

_____

가장 강한 나라는 어떤 나라입니까?
가장 강한 군대는 어떤 군대입니까?

_____

_____

기도

하나님. 오직 하나님만이 복과 승리를 주십니다. 세상의 잘못
된 방법을 따르지 않고, 오직 하나님의 말씀대로 살아가게 해
주세요. 하나님께서 주시는 복을 받으며 살게 해 주세요. 하나
님께서 주시는 승리를 누리며 살게 해 주세요. 예수님의 이름
으로 기도합니다. 아멘.

52주

모세가 여호와의 말씀대로
모압 땅에서 죽어

신명기 34장 | 찬송가 408장. 나 어느 곳에 있든지

> 여호와께서 그에게 이르시되 이는 내가
> 아브라함과 이삭과 야곱에게 맹세하여
> 그의 후손에게 주리라 한 땅이라
> 내가 네 눈으로 보게 하였거니와
> 너는 그리로 건너가지 못하리라 하시매 (34:4)

모세는 가나안 땅에 들어가기를 원했습니다. 하지만 하나님은 모세가 가나안 땅에 들어갈 수 없다고 하셨습니다. 모세의 생각과 하나님의 생각은 달랐습니다. 우리도 마찬가지입니다. 우리의 생각과

하나님의 생각은 다를 때가 많습니다. 우리의 뜻과 하나님의 뜻은 다를 때가 많습니다. 그래서 우리는 하나님의 생각이 무엇인지 고민해야 합니다. 하나님의 뜻을 찾아야 합니다. 우리의 뜻과 하나님의 뜻이 다를 때는 하나님의 뜻에 순종해야 합니다.

> 이에 여호와의 종 모세가 여호와의 말씀대로 모압 땅에서
> 죽어 벳브올 맞은편 모압 땅에 있는 골짜기에 장사되었고
> 오늘까지 그의 묻힌 곳을 아는 자가 없느니라 (34:5-6)

결국 모세는 가나안 땅에 들어가지 못하고 죽었습니다. 모세는 모압 골짜기에 묻혔습니다. 하나님은 모세의 무덤을 숨기셨습니다. 아무도 모세가 묻힌 장소를 모르게 하셨습니다. 사람들이 모세를 우상처럼 숭배할 가능성이 있었기 때문입니다. 실제로 유대인들은 예수님보다 모세를 더 중요하게 생각했습니다. 우리는 사람을 하나님처럼 생각하지 말아야 합니다. 사람이 우리 문제를 다 해결해 줄 것처럼 생각하지 말아야 합니다. 하나님만이 우리의 구원자이십니다. 하나님만이 우리의 도움이십니다.

> 모세가 눈의 아들 여호수아에게 안수하였으므로
> 그에게 지혜의 영이 충만하니 이스라엘 자손이
> 여호와께서 모세에게 명령하신 대로
> 여호수아의 말을 순종하였더라 (34:9)

모세가 죽었습니다. 이스라엘에게는 큰 위기입니다. 모세는 이스라엘 역사상 다시 있지 않을 위대한 지도자였기 때문입니다. 하지만 이스라엘은 어려움을 극복했습니다. 여호수아가 있었기 때문입

니다. 하나님은 여호수아에게 지혜를 주셨습니다. 하나님께서 주신 지혜로 여호수아는 이스라엘을 잘 다스렸습니다. 사람은 하나님의 도구일 뿐입니다. 한 사람이 사라지면, 하나님은 또 다른 사람을 세우십니다. 그러므로 우리는 사람을 하나님처럼 생각하지 말아야 합니다. 우리가 의지하고 따를 분은 오직 하나님뿐입니다.

> 그 후에는 이스라엘에 모세와 같은 선지자가 일어나지 못하였나니
> 모세는 여호와께서 대면하여 아시던 자요
> 여호와께서 그를 애굽 땅에 보내사
> 바로와 그의 모든 신하와 그의 온 땅에
> 모든 이적과 기사와 모든 큰 권능과 위엄을 행하게 하시매
> 온 이스라엘의 목전에서 그것을 행한 자이더라 (34:10-12)

역사상 수많은 선지자가 있었습니다. 그중에서 모세는 가장 뛰어난 선지자였습니다. 하지만 모세도 예수님과 비교할 수는 없습니다. 예수님은 하나님의 아들이시기 때문입니다. 구약 이스라엘은 모세를 통해서 하나님께 나아갔지만, 우리는 예수님을 통해서 하나님께 나아갑니다. 이것이 우리의 특권입니다.

묵상

왜 하나님은 모세의 무덤을 숨기셨습니까?

_____

_____

_____

_____

모세의 빈자리를 누가 채웠습니까?

_____

_____

_____

_____

기도

하나님. 모세가 사라졌을 때도 하나님의 역사는 중단되지 않았습니다. 하나님은 모세의 빈자리를 여호수아로 하여금 채우게 하셨습니다. 하나님의 역사를 이어 가는 하나님의 일꾼이 되게 해 주세요. 부모님의 믿음을 잘 이어받게 해 주세요. 예수님의 이름으로 기도합니다. 아멘.